CAUTIVE

EL CORAZÓN
DE LOS
CLIENTES

Y DEJE QUE LA COMPETENCIA PERSIGA SUS BOLSILLOS

BRIAN CLEGG

CAUTIVE
EL CORAZÓN
DE LOS
CLIENTES

Y DEJE QUE LA COMPETENCIA PERSIGA SUS BOLSILLOS

Prólogo de José Miguel Múgica Grijalba

FINANCIAL TIMES

Prentice Hall

Madrid - Londres - Nueva York - San Francisco - Toronto - Tokyo - Singapur - Hong Kong
París - Milán - Munich - México - Santafé de Bogotá - Buenos Aires - Caracas

DERECHOS RESERVADOS
© 2001 respecto a la primera edición en español por:
PEARSON EDUCACIÓN, S.A.
Núñez de Balboa, 120
28006 Madrid

ISBN: 84-205-3203-7
Depósito Legal: M. 23.372-2001
PRENTICE HALL es un sello editorial autorizado de PEARSON EDUCACIÓN

Traducido de: *Capturing Customer's Heart*
Copyright © Brian Clegg, 2000
ISBN: 0-273-649310

Fotografía de cubierta © Photonica
Diseño de cubierta: Mario Guindel y Yann Boix
Edición: Adriana Gómez-Arnau y Mónica Santos
Equipo de Producción:
Dirección: José A. Clares
Técnico: José A. Hernán
Composición: DA-VINCI
Impreso por: Imprenta Fareso, S. A.

IMPRESO EN ESPAÑA - PRINTED IN SPAIN

Este libro ha sido impreso con papel y tintas ecológicos

CONTENIDO

SOBRE EL AUTOR

Con un Master en Ciencias Naturales (Cambridge) y en Investigación Operacional (Lancaster), Brian Clegg trabajó, en primer lugar, en el Departamento de Investigación Operacional de British Airways. Tras diecisiete años en el mundo de la empresa, y siempre dentro del campo de la investigación de nuevos e innovadores modos de utilizar las computadoras y la información para el beneficio de las empresas, se estableció como escritor autónomo y fundó Creativity Unleashed Limited, una consultoría especializada en creatividad empresarial y servicio al cliente.

Brian Clegg colabora regularmente con *Professional Manager, Personal Computer World, Computer Weekly* y con la revista mundial de Internet *V3*. Es autor también de numerosos libros sobre gestión empresarial.

PRÓLOGO

El servicio al cliente ha sido un objetivo decisivo durante los últimos quince años, pero ¿significa esto que podemos relajarnos, decir que "hemos conseguido al cliente" y pasar a otro asunto? En absoluto. El seguimiento continuado de los clientes es un imperativo, dada la realidad del mercado:

- Un buen servicio al cliente es todavía la excepción, incluso a pesar de que haya transcurrido todo este tiempo. Aunque los empleados tengan un letrerito con su nombre que diga: "¿Puedo ayudarle?", y hayan aprendido a sonreír, el servicio todavía se encuentra muy lejos de ser excelente.

- Las ideas de los clientes sobre un buen servicio han cambiado en los últimos quince años. El aumento del consumismo y los derechos de los consumidores lo atestiguan; ahora nuestros clientes esperan más, mucho más.

- La oposición no permanece impasible. Si la relación con nuestros clientes va a ser un factor principal de diferenciación, es necesario dar un paso realmente grande para lograr su satisfacción.

Numerosas encuestas han mostrado que los clientes están profundamente descontentos con los niveles de servicio. Cuando recopilé historias para ilustrar este libro, resultaba fácil encontrar ejemplos de un servicio deficiente al cliente,

❝El seguimiento continuado de los clientes es un imperativo, dada la realidad del mercado.❞

pero muchas personas no recordaban *ningún* caso de servicio excelente al cliente. Hacer de la relación con el cliente el factor principal de la repetición de un pedido y de la diferenciación requiere un cambio cuántico que vaya de la cordialidad con el cliente al carisma. No queremos ser agradables con el cliente, sino que queremos que nos adore, que desee nuestros productos y que hable a otras personas sobre nuestra compañía con respeto y temor en sus voces. Necesitamos cautivar sus corazones.

66Hacer de la relación con el cliente el factor principal de la repetición de un pedido y la diferenciación requiere un cambio cuántico que vaya de la cordialidad con el cliente al carisma.99

PRÓLOGO A ESTA EDICIÓN

A principios de los años ochenta, empezó a emerger como evidencia la necesidad de que las empresas dejasen de fijar sus objetivos de marketing en ventas y trasladasen el foco de su atención al cliente. Las razones coyunturales giraban en torno a los problemas de hacer frente a una etapa de crecimiento bajo en el ciclo económico; en efecto, el estancamiento del consumo y la saturación de los mercados ponían en entredicho la rentabilidad de las siempre crecientes inversiones en marketing.

Los directores de marketing, ante la imposibilidad de crecer sobre la base de nuevos consumidores, defendían la necesidad de arrebatarle los clientes a la competencia con una mayor inversión en los instrumentos más agresivos, como la publicidad y las promociones, pero los resultados se quedaban muy cortos con respecto a los objetivos perseguidos. De hecho, se podía presentar la aparente paradoja de que fuertes inversiones en marketing empeoraban la posición competitiva de la empresa; la razón era que, particularmente en esas condiciones de mercado, la productividad del marketing agresivo era muy baja. En otras palabras, los costes de conseguir un flujo de ventas adicional, proveniente de clientes de la competencia, eran superiores a los ingresos adicionales que provocaba el esfuerzo de marketing. Los altos costes de arrebatarle clientela a la competencia llevaron a las empresas a girar su atención hacia su propia base de clientes y al desarrollo de estrategias defensivas de retención de clientes, que se han extendido de forma muy generalizada al mundo de la empresa.

Pero de forma paralela, y favorecidas por estos factores coyunturales, empezaban a tomar cuerpo en la empresa razones de fondo que ya habían sido formuladas con antelación. La principal de estas razones era la denominada "orientación al marketing" de la empresa que, con posterioridad, ha devenido en la "orientación al cliente". En esta orientación se mantiene que la empresa ha de concebir el conjunto de su actuación en cada una de sus áreas, desde la perspectiva de los clientes a los que quiere servir; el cliente no sólo es la referencia básica para diseñar el marketing sino también los procesos de producción y logística, la política de recursos humanos, la política de financiación y los sistemas de información. En este período, el cliente deja de ser el objeto de atención exclusivo del marketing y su consideración se extiende transversalmente a lo largo y ancho de todas las áreas y procesos de la organización. El cliente se convierte así en el motor de cambio de la empresa, en la referencia básica para diseñar no sólo todos sus procesos internos sino también sus alianzas y relaciones con otras empresas.

Es cierto que estos cambios han llevado a un marketing más civilizado; se han atemperado o no han llegado a cuajar las concepciones más agresivas como el marketing de guerra. La competencia entre empresas para captar nuevos clientes tiende a ser más responsable sabiendo que después de hacerse con un cliente, la empresa debe ser capaz no sólo de mantener sus niveles de calidad y servicio sino también de acomodarlos a las necesidades cambiantes. Pero también es cierto que el exceso de atención ha generado problemas cuando los clientes se sienten asediados por una batería de llamadas, promociones e incentivos. Las empresas concluyen que sus relaciones con los clientes deben administrarse entre dos polos opuestos: ni se puede abandonar la atención al cliente una vez que ha sido captado, ni se pueden extremar los servicios e incentivos con los que se le intenta retener a cualquier precio.

En estos términos, Brian Clegg nos ofrece una visión muy particular sobre el estado de la cuestión en la actualidad. A partir de su presupuesto básico de que centrar la atención en los clientes es un imperativo, presenta con bastante rotundidad una amplia evidencia empírica que indica que las empresas están lejos de entender correctamente cómo administrar sus relaciones con los clientes. Estas evidencias están entresacadas de una gran variedad de tipos de empresas en diferentes sectores, y Clegg las utiliza para hacer una apuesta final que va más allá del establecimiento de vínculos económicos con el cliente.

Clegg propone a las empresas fidelizar a sus bases de clientes sobre fundamentos afectivos, *capturar el corazón del cliente*, que, a la larga, son más sólidos que la simple conveniencia u oportunidad. Este libro nos puede servir no sólo para examinar estas proposiciones finales de Clegg sino también para reflexionar sobre los dos elementos básicos que subyacen a lo largo de todo el texto: la tarea de diseñar y mantener unas relaciones con el cliente es muy compleja pero inexcusable, y la atención sobre estas relaciones debe servir también para dinamizar y guiar el cambio de toda la empresa.

José Miguel Múgica Grijalba
Catedrático de Comercialización
e Investigación de Mercados
Universidad Pública de Navarra

AGRADECIMIENTOS

Gracias a todas las personas de Pearson Education que han hecho que esto siguiera adelante, en especial a Pradeep Jethi y Richard Stagg. Quisiera agradecer especialmente a los clientes que nos han proporcionado ejemplos, tanto de buenas como de malas experiencias, incluyendo a Elie Ball, Sean Berner, Paul Birch, Ian Burrell, Gregor Cosgrove, Adrian Critchlow, Mark Daymond, Kathryn Dondington, Jessica Figueras, David Freemantle, Nick Gassman, Rosie Greaves, John Harris, Philip Joisce, Anita Kerrigan, Keith Lawson, Brian Martin, Paul McGeary, Amy Merrill, Graham Rawlinson, Tara Robinson, Tim Robinson, Helen Rowlands y David Weeks.

CAUTIVAR LOS CORAZONES

Una relación excepcional con el cliente es la única forma segura de crear diferenciación. Las compañías carismáticas son capaces de cautivar los corazones de sus clientes, lo que significa que retiene a sus clientes cuando la competencia está siendo más cruel que nunca.

LA VERDAD ESTÁ AHÍ FUERA

La realidad sobre los clientes es cruda. Es tan simple como sumar y restar:

A   Las empresas *necesitan* clientes. Es de donde procede el dinero.

B   Las empresas necesitan *atraer* a los clientes. Esto significa tener algo que los clientes quieren, pero ese "algo" no es sólo productos y servicios, sino toda una experiencia al tratar con su compañía.

C   Las empresas necesitan *conservar* a los clientes. Cuesta mucho menos retener a un cliente que conseguir uno nuevo, y perder a los clientes que se tienen significa perder todo el valor de su vida que, en algunos casos, representa mucho dinero.

Todo esto son cosas que ya aprendió con su madre, ¿verdad? Tenga paciencia. Bien, ¿cuál de estos dos argumentos ayudará más a atraer y retener clientes?

1   Sus empleados son maleducados e ignoran a los clientes. Cuando se acercan para ofrecer sus servicios lo hacen malhumorados y consideran claramente que están perdiendo su precioso tiempo, aunque, si algo va mal, acatan las normas.

2   Sus empleados sonríen mucho y se acercan a ayudar a los clientes. Realmente se interesan por ellos y por lo que quieren y, cuando las cosas van mal, hacen lo que sea necesario para que se solucionen.

Más obviedades. No es exactamente una elección difícil, pero entonces, ¿por qué encuesta tras encuesta a finales de los noventa se encontraron disminuciones en la satisfacción del cliente? ¿Por qué se cree que el servicio al cliente está en declive? ¿Por qué todos tenemos cantidad de experiencias en las que hemos sido tratados mal por alguna compañía? ¿Por qué los programas sobre los derechos de los clientes son tan populares en televisión? Supongo que entiende lo que

❝La realidad sobre los clientes es cruda. Es tan simple como sumar y restar.❞

❝¿Por qué encuesta tras encuesta a finales de los noventa se encontraron disminuciones en la satisfacción del cliente?❞

quiero decir. Todos sabemos lo importantes que son los consumidores y nos damos cuenta de qué es lo que va a ayudar a forjar una buena relación con nuestros clientes. Sin embargo, todo esto suele hacerse mal. Por ello, si la suya es una compañía que capta bien esta idea, tiene ante sí una gran oportunidad; una oportunidad enorme, porque a diferencia de los grandes productos, y de los precios reducidos, un servicio excelente al cliente es difícil de imitar y la diferenciación es lo importante.

¿QUÉ OCURRE CON LA CALIDAD?

La calidad es maravillosa. Entregar el producto adecuado en el lugar preciso y en el momento exacto es esencial, es uno de los principios básicos de las empresas. Sin embargo, no es suficiente cuando otros pueden hacer lo mismo. La calidad es uno de esos tristes atributos cuya ausencia representa un gran problema, pero cuya presencia no es celebrada. Si no hay calidad, si siempre se tienen productos malos o continuamente las entregas se realizan tarde, no importará lo bueno que sea el servicio al cliente, porque los clientes estarán insatisfechos y comenzarán a buscar en otro lugar. No obstante, la calidad por sí sola tampoco es suficiente para retener a los clientes; hace falta algo más.

¿POR QUÉ "BIEN" NO ES SUFICIENTE?

Como examinaremos con más detalle en el próximo capítulo, todos hemos realizado servicios al cliente. Muchas compañías incluso lo han llevado a un nivel que podría describirse como pasable, proporcionando a sus clientes personal de contacto que les recibe con frases de bienvenida y formando un nivel de servicio consistente en todas sus tiendas. Han convertido la experiencia de tratar con la compañía en algo agradable, afable. Seguramente pueden tachar la casilla del "servicio al cliente" y pasar a otro asunto de la empresa más importante, ¿no es cierto?

> **A diferencia de los grandes productos, y de los precios reducidos, un servicio excelente al cliente es difícil de imitar.**

> **Todos hemos realizado servicios al cliente. Muchas compañías incluso lo han llevado a un nivel que podía describirse como pasable.**

Seguramente no. El servicio al cliente está atravesando el mismo tipo de ciclo que el desarrollo industrial, aunque muy por detrás. Este tipo de servicio al cliente "automatizado" corresponde a la cadena de montaje. El servicio al cliente de la línea de montaje nos permitió expandir un buen servicio al cliente de forma extensa y barata donde antes no estaba disponible. Sin embargo, hay inconvenientes. Al igual que la línea de montaje, tal servicio al cliente tiende a desmoralizar la fuerza laboral y da como resultado un producto anodino y repetitivo. Es muy agradable cuando no se está acostumbrado a nada, pero no puede compararse con las cosas reales y hechas a mano.

Puede que usted tenga estadísticas que desaprueben esto. El noventa y cinco por ciento (es decir, muchos) de nuestros clientes están "bastante satisfechos" con su servicio, de modo que no parece que haya necesidad de llevar a cabo ninguna acción. Pero sea precavido.

CREANDO CARISMA

Lo interesante del servicio a los clientes es que a menudo está dirigido por la percepción. La reputación de una compañía por su servicio (o la ausencia del mismo) suele estar creada por una serie de pequeñas experiencias que las personas tienden a generalizar. Muy pocos de nosotros somos capaces de generar una imagen completa de la que podamos obtener una opinión completamente objetiva. Nos guiamos por nuestro "sentimiento" sobre una compañía basado en nuestras, inevitablemente, limitadas experiencias anecdóticas.

David Freemantle, consultor y autor de
Superboss y *What Customers Like About You*

David Freemantle destaca el desastre que supone creer en las propias estadísticas porque los clientes no saben (o no se preocupan) por sus estadísticas. La visión que tienen de su compañía se basa en las historias que oyen y en la acumulación de experiencias individuales. Cada historia individual es lo que marcará la diferencia, no las estadísticas.

Estas historias no son generadas por un servicio al cliente pasable. Se necesita algo más para que se creen. Es hora de dar carisma a su empresa.

❝El noventa y cinco por ciento (es decir, muchos) de nuestros clientes están "bastante satisfechos" con su servicio, de modo que no parece que haya necesidad de llevar a cabo ninguna acción. Pero sea precavido.❞

❝Los clientes no saben (o no se preocupan) por sus estadísticas. La visión que tienen de su compañía se basa en las historias que oyen y en la acumulación de experiencias individuales.❞

EL CARISMA

El carisma trata de la inspiración. Es la característica de una persona que despierta entusiasmo, interés o afecto en otras. Es un factor atractivo. De hecho, es simplemente lo que una empresa necesita para llevar a los clientes más allá del servicio, más allá de una relación o una experiencia. Una empresa con carisma da al cliente algo muy especial. Cuando se ha tratado con una empresa carismática, se desea contárselo a otras personas, se quiere compartir estos sentimientos. Si podemos imbuir a una empresa de carisma, habrá algo con el destello de un proyector junto a la llama del servicio cotidiano al cliente. Este libro trata del modo de conferir carisma a su empresa.

EMPECEMOS AQUÍ

El resto del libro es una guía a los componentes que conforman el carisma en una empresa. El siguiente capítulo estudia la naturaleza del servicio convencional al cliente, sus beneficios y limitaciones, desde donde exploramos los doce componentes del carisma comenzando por avanzar un año luz hasta llegar al extraño duodécimo componente.

1 AVANZAR UN AÑO LUZ

En cierto modo, este primer componente reúne a todos los demás. Resulta agradable que alguien deje sus cosas a un lado para ayudarnos, y es igualmente agradable que una compañía dé un paso adelante, pero para que el verdadero carisma destaque, hay que hacer más, hay que avanzar un año luz: el primer componente para cautivar a sus clientes.

❝El carisma trata de la inspiración (...) Cuando se ha tratado con una empresa carismática, se desea contárselo a otras personas.❞

2 SI SE HA ESTROPEADO, ARRÉGLELO

En ocasiones todos nos equivocamos. La ausencia de defectos es una fantasía deseada por círculos de calidad, pero no es un rasgo de la vida humana. Independientemente de lo buenos que sean nuestros sistemas, procedimientos y personal, las cosas irán mal, y entonces el cliente medirá el valor de la compañía en función del grado en que solucionamos las cosas. Con demasiada frecuencia, el restablecimiento del servicio es reticente, comenzando por las condiciones y normas que hacen al maltratado cliente sentirse como un criminal. Si esta es la manera en que trata a sus clientes, estará perdiendo una oportunidad enorme para tener carisma.

3 ESTOY ENAMORADO DE MI COCHE

Existen algunos productos y marcas que provocan en el cliente una reacción tremendamente desproporcionada a su valor nominal. Esto ocurre, por ejemplo, con algunos automóviles, que cuentan con un seguimiento casi fanático. No suelen ser los mejores productos desde ningún punto de vista convencional, pero tienen un cierto tipo de rareza que parece provocar ese afecto. No se puede inventar un producto carismático, pero se puede fomentar en ese sentido, y asegurarse de que el beneficio se mantiene una vez que el producto ha logrado este estatus.

4 ME CONOCEN

Todo el campo de la gestión de la relación con el cliente (GRC) se ha creado en torno al argumento de que se puede proporcionar a los clientes una mejor experiencia si se les conoce y se utiliza este conocimiento en la forma de servirles. Por desgracia, la GRC ha sido dirigida con demasiada frecuencia por sistemas (y sistemas de fabricación en lugar de por la realidad de las relaciones humanas). Sin embargo, no se debe permitir que esto ensombrezca la realidad de que la compañía que realmente hace al cliente sentirse reconocido y bienvenido tiene una gran oportunidad en el juego del carisma.

66La ausencia de defectos es una fantasía deseada por círculos de calidad, pero no es un rasgo de la vida humana.99

66Existen algunos productos y marcas que provocan en el cliente una reacción tremendamente desproporcionada a su valor nominal.99

5 EL PODER DE LAS ESTRELLAS

La compañías que no tienen una figura estelar tienden a mostrarse cínicas hacia quienes sí la tienen. Las figuras clave son consideradas publicistas impenitentes para quienes ser el centro de atención es más importante que el éxito de la empresa. No obstante, esto pasa por alto el hecho de que a los miembros del público les gusta que haya un rostro humano reconocible en una compañía. Uno no se puede identificar con una corporación, pero sí con un jefe ejecutivo famoso. En esta línea, esto puede hacerse con un empleado conocido, o quizá con el equipo entero.

Probablemente todas las personas pueden ser una estrella.

6 SON PERSONAS COMO NOSOTROS

A modo de generalización, a las personas les gustan las personas. Les gusta tratar con gente real. Sus relaciones se establecen con personas reales, no con compañías; por ello, cuanto más sea posible convertir a su personal de atención al cliente en personas reales, mejor. Esto significa personal que se comporte como personas, no como autómatas, personas verdaderas con entusiasmos verdaderos, especialmente aquellos que comparte con el cliente. Esto también significa personas en las que tenemos que confiar para hacerlo bien. No puede haber carisma en personal ataviado con camisas de fuerza.

7 ¡SORPRESA, SORPRESA!

La ineptitud y el carisma no casan. Hubo una vez en que la consistencia era un dios del servicio de atención al cliente, pero si todo es siempre igual, si todo puede predecirse, no podrá haber emoción ni carisma. El elemento de la sorpresa, siempre que sea una sorpresa agradable, es un componente clave para mantener a sus clientes intrigados, de modo que vuelvan a por más. No les aburra hasta que opten por acudir a la competencia; deje que fluyan la creatividad y la diversión.

❝Probablemente todas las personas pueden ser una estrella.❞

❝El elemento de la sorpresa, siempre que sea una sorpresa agradable, es un componente clave para mantener a sus clientes intrigados, de modo que vuelvan a por más.❞

8 MARAVILLA DE LA TÉCNICA

Se dice que los hombres en realidad no crecen, sino que permanecen embelesados con juguetes durante toda su vida. Independientemente de que sus clientes sean hombres o mujeres, el instinto técnico despertará su lado masculino. Algunas veces el carisma necesita un poco de lustre; utilizado correctamente, el acabado técnico es una valiosa adición.

La tecnología también necesita ser opcional. A algunos clientes les repele, mientras que para otros es un aliciente efectivo.

9 SON MÍOS, TODOS MÍOS

Llamar a alguien limitado suele tomarse como un insulto, aunque todos tengamos cierto grado de limitación positiva. No importa si esta limitación se ciñe a mi ciudad, mi país o mi equipo de fútbol; nos gusta ver a los nuestros cosechar éxitos. Cuanto más hagamos sentir a los clientes que son dueños de la compañía, más les haremos sentirse inseparables de ella y de su suerte. Haga suya la compañía y la fidelidad ya no volverá a ser un problema: será un hecho consumado.

10 BONITO Y TIERNO

Si la tecnología llama más la atención a los hombres, hay algo relativo a ser bonito y tierno que tira de nuestro lado femenino. Ser carismático no es necesariamente ser adorable, pero las compañías que dan a sus clientes esa sensación de bienestar son inevitablemente carismáticas.

66Haga suya la compañía y la fidelidad ya no será más un problema; será un hecho consumado.99

66Ser carismático no es necesariamente ser adorable, pero las compañías que dan a sus clientes esa sensación de bienestar son inevitablemente carismáticas.99

11 ESTAMOS EN CONTACTO

La comunicación es el alma de la relaciones humanas y es igualmente importante a la hora de favorecer la relación entre un ser humano y una compañía. Muchas veces cuando las cosas van mal, es un resultado del fracaso en las comunicaciones. Mantener un diálogo y demostrar que se disfruta de esa comunicación dificulta que un cliente se resista. Nunca debe descuidarse la comunicación.

12 EL DUODÉCIMO COMPONENTE

Hemos recorrido once elementos, pero ¿qué ocurre con el duodécimo? Debo confesar que la consideración de un duodécimo componente surgió inicialmente por un sentido del orden. Hay algo que resulta incómodo e insatisfactorio en el número once, comparado con el apretado orden del doce. Cuando comencé a pensar sobre cuál podría ser un duodécimo componente me di cuenta de que fue una suerte haber pensado en este componente, porque había olvidado algo importante. La mayoría de las personas aceptarían que algunas compañías tuvieran atributos que las hicieran únicas. Sin embargo, de lo que me di cuenta es de que esto puede generalizarse. Todas las compañías tienen atributos únicos y éstos forman el duodécimo componente que puede aportar carisma.

No obstante, antes de abordar los componentes, ¿cómo están las cosas ahora? Después de todo, todas las personas han conseguido clientes, ¿no es cierto?

66 La comunicación es el alma de la relaciones humanas (...)
Nunca debe descuidarse la comunicación. 99

66 Todas las compañías tienen atributos únicos y éstos forman el duodécimo componente que puede aportar carisma. 99

HEMOS CONSEGUIDO CLIENTES

Los modos en que antes se impulsaba el servicio al cliente se han reducido y han perdido energía, dejando el cuidado de los clientes a menudo apoyado por un servicio en el que se apoya con palabras, pero no con hechos. Las realidades de las relaciones de los clientes a comienzos del siglo XXI son casi siempre menos que deseables. Incluso aunque haya un estándar de compañía, el resultado suele ser artificial y de segunda categoría.

HEMOS BUSCADO LA EXCELENCIA

En teoría, los últimos veinte años del siglo XX deberían haber sido los años del florecimiento del servicio al cliente. En realidad se ha hablado mucho de ello. Cuando Tom Peters y sus co-autores escribieron los libros *Excellence*, inspiraron una actitud completamente nueva hacia el servicio al cliente. Lo que siempre se había visto como un mal necesario, pasó a ser el centro de atención de muchas empresas. Había un nuevo entusiasmo auténtico, al menos en los niveles directivos, para centrarse en el cliente y en sus necesidades.

Ocurrió exactamente así. Peters pudo encontrar algunas compañías que parecían hacerlo bien, pero había muchos ejemplos mediocres. En parte, esto fue posible a causa del *boom* de la post-guerra, cuando la nueva prosperidad en el oeste había potenciado una bonanza consumista. Realmente no importaba cómo fuera su servicio; las personas le arrebatarían los artículos de sus manos. La simple novedad de la comida rápida, por ejemplo, fue suficiente, sin preocuparse demasiado por el servicio. Sin embargo, en los ochenta surgió la necesidad de algo más. El consumidor era más sofisticado. Los pocos competidores que se habían fijado en el servicio al cliente como un camino hacia la diferenciación estaban comenzando a obtener beneficios de esta iniciativa. Las señales eran visibles.

LAS PERSONAS SON LO PRIMERO

Algunas compañías han dado un giro total en lo que respecta al servicio al cliente. Un ejemplo clásico podría ser el de la línea aérea internacional British Airways (BA). A comienzos de la década de los ochenta, recientemente creada de los restos de dos empresas de transportes que habían sido financiadas de forma insuficiente, la situación de BA era mala. Su personal tenía una pésima

❝Peters y sus co-autores inspiraron una actitud completamente nueva hacia el servicio al cliente.❞

❝Los pocos competidores que se habían fijado en el servicio al cliente como un camino hacia la diferenciación estaban comenzando a obtener beneficios de esta iniciativa.❞

reputación debido a su frialdad; tratar con esta línea aérea era como llevar a cabo un trámite burocrático. Se volaba con BA porque no había otro remedio, y no porque se quisiera.

El nuevo jefe ejecutivo, Colin Marshall, que fue traído de Avis para realizar un cambio radical en la política de la compañía, atisbó la oportunidad para el cambio. Cada miembro del personal fue sometido a una sesión de un día de duración titulada "Las personas son lo primero", en la que se resaltaba la importancia de las personas para la supervivencia de la empresa, y donde "persona" incluía tanto a clientes como a personal. Cada uno de estos días era clausurado con una sesión de ruegos y preguntas, la mayoría de las cuales contó con la presencia de Marshall. Se trataba de un cambio de mentalidad para que los empleados dejaran de verse responsables de trasladar un artefacto de metal por el aire y se considerasen responsables de ofrecer al cliente una experiencia agradable.

Se produjo un *boom* en la compañía. La línea aérea se convirtió en una de las pocas en obtener beneficios consistentes. Ganó los premios suficientes como para bautizarse a sí misma "La compañía favorita del mundo". El equipo de Marshall continuó llevando a cabo sesiones para los empleados y los directivos, reforzando el mensaje del cliente. No hay duda de que la campaña tuvo un éxito tremendo.

Con compañías como BA, que anteponen al cliente a todo lo demás, y con un mayor reconocimiento de la necesidad de excelencia, ¿tiene algún sentido seguir haciendo sonar la alarma del servicio al cliente? ¿No se ha hecho ya todo? Por desgracia, la respuesta es un 'no' rotundo. Existen cuatro problemas que han impedido que la revolución del servicio al cliente continúe su apogeo en el siglo XXI:

- Las expectativas del cliente.
- La decadencia.
- Apoyar con palabras, pero no con hechos.
- El crecimiento repentino.

❝A comienzos de la década de los ochenta la situación de BA era mala.❞

LAS NUEVAS EXPECTATIVAS DEL CONSUMIDOR

Todos los aspectos que bloquean el éxito del servicio al cliente están relacionados con las personas. Para empezar, los mismos clientes están cambiando. A medida que las comunicaciones electrónicas y los medios de comunicación introducen más y más información en el mercado global, la conciencia del cliente de lo que es posible toma una nueva dimensión. Los clientes esperan mucho más de lo que esperaban hace sólo unos pocos años. Una experiencia más dilatada del mundo nos ha dado comparaciones mayores. La popularidad de programas televisivos sobre clientes ha hecho que sea más natural reparar en algo y protestar cuando las cosas van mal. Estamos, constantemente, ojo avizor en busca de fallos en la atención al cliente.

De hecho, las cosas no tienen que ir necesariamente mal para recibir una desaprobación. Cuando los restaurantes de comida rápida estadounidenses fueron introducidos en el Reino Unido, arrasaron en el país. El Reino Unido, habituado a lúgubres cafés con personal malhumorado que tardaba siglos en hacer una hamburguesa gris y grasienta, fue cautivado por la rapidez, la consistencia y la amabilidad de compañías como McDonald's y Burger King. Sin embargo, ahora que estas marcas son algo normal y esperado en las calles principales, surge el deseo de algo más. Sabemos lo que hace una compañía de comida rápida, y esto es lo mínimo que se espera. Para destacar, hace falta pasar a la siguiente generación.

Si una compañía quiere conservar a sus clientes y obtener los beneficios del valor de la vida del cliente, debe reflejar este cambio e ir más allá de un mero servicio al cliente. Los nuevos modelos están creando una relación y aportan al cliente una experiencia. Un cliente satisfecho no sólo busca el producto adecuado en el momento preciso y al precio conveniente. Quieren placer,

"Todos los aspectos que bloquean el éxito del servicio al cliente están relacionados con las personas."

"Estamos, constantemente, ojo avizor en busca de fallos en la atención al cliente."

emoción y la grata sensación que puede darle el trato con su compañía. Los capítulos siguientes distinguen doce componentes diferentes de esta sensación. En cierto modo, es un menú. Podía elegirse entre los componentes, pero debe tener en cuenta que las compañías de éxito serán aquellas que proporcionen a sus clientes un *buffet* libre en el que se ofrezca una amplia gama de opciones.

LA DECADENCIA

Muchas de las compañías que llevaron a cabo acciones en cuanto al servicio al cliente, como British Airways, ahora encuentran que las cosas son más difíciles. No sólo ha cambiado el entorno comercial, pues nunca había existido tanta competitividad, sino que el servido al cliente es uno de esos asuntos al estilo de Lewis Carroll en los que hay que correr para poder permanecer quieto. Demasiadas compañías asumieron que habían "llevado a cabo" el servicio al cliente y que ahora sólo tendrían que seguir adelante concentrándose en otras áreas con necesidades urgentes, pero, por desgracia, cuando se deja solo, el servicio al cliente no sigue adelante, sino que decae.

Muchas compañías que dieron un impulso al servicio al cliente ahora sufren una contrarreacción. Han llegado nuevas personas a la organización, personas que no estaban allí cuando se creó la cultura de la compañía. Las presiones, productos y servicios nuevos dificultan que el personal pueda seguir centrado en el servicio al cliente. Además, el recorte de gastos siempre se produce al nivel de

> ❝Un cliente satisfecho no sólo busca el producto adecuado en el momento preciso y al precio conveniente.❞

> ❝Las compañías de éxito serán aquellas que proporcionen a sus clientes un *buffet* libre.❞

> ❝Nunca había existido tanta competitividad.❞

> ❝Muchas compañías que dieron un impulso al servicio al cliente ahora sufren una contrarreacción.❞

los servicios. Tras un tiempo, una extraña pereza toma asiento: nadie quiere hacer las mismas cosas continuamente, e incluso un principio básico como ser agradable con los demás pierde su interés. Con demasiada frecuencia, las compañías que han fomentado el servicio al cliente en el pasado se encuentran en verdadero peligro a causa de un aspecto que creían dominado.

APOYAR CON PALABRAS, PERO NO CON HECHOS

Por lo menos, esas compañías lo intentaron. El peor caso de fracaso en el servicio al cliente es el hecho de apoyar con palabras, pero no con hechos, que alarmantemente parece ser lo más común. Aunque en los años ochenta y noventa prácticamente todas las compañías se aferraron al servicio al cliente y realizaron grandiosas declaraciones con relación a la importancia de este servicio en su propaganda, normalmente esto era todo lo que lograban hacer. Casi era como si el servicio al cliente se considerase un tipo de magia; sólo había que mencionarlo para que los problemas se solucionasen.

Dichas compañías frecuentemente no consideraban las implicaciones de la mejora del servicio al cliente. No querían asumir el coste que implica este servicio, aunque proporcionara beneficios inmensos en cuanto a la retención de los clientes. Tampoco veían la necesidad de cambiar la cultura de la compañía, pensando que bastaba con decir al cliente que contactara con quien le pudiera dar un mejor servicio. Pero, sobre todo, los directivos no estaban preparados para dejar de tener el control. No obstante, a no ser que el personal de primera línea sea capaz de llevar a cabo la acción de servir a los clientes sin recurrir a procedimientos y cadenas de autoridad, no habrá un verdadero servicio al cliente. Sin embargo, para muchos directivos, esto significaba dar demasiada libertad de acción a una plantilla en la cual no confiaban. El resultado fue que los clientes no obtenían su servicio, sino que obtenían burocracia.

> **A no ser que el personal de primera línea sea capaz de llevar a cabo la acción de servir a los clientes sin recurrir a procedimientos y cadenas de autoridad, no habrá un verdadero servicio al cliente.**

UNA HISTORIA DE TERROR

EN LA TINTORERÍA

Un representante de una cadena nacional de tintorerías participó en un programa de televisión sobre consumidores para defender a su compañía de las quejas de algunos clientes. "El servicio al cliente es muy importante para nosotros", dijo. "Cada día nos traen millones de prendas de vestir y recibimos muy pocas quejas. Si cualquier persona tiene un problema, sólo tiene que costear la verificación del daño por parte de un consultor independiente y nosotros le compensaremos si se demuestra que somos culpables".

Fue una extraña declaración. ¿Cómo podía el director de una compañía de tintorerías sugerir seriamente que el servicio al cliente era muy importante para su compañía? Si sólo había unas pocas quejas, ¿por qué no asumían que el cliente tenía razón? En tales circunstancias, resulta ridículo que cualquier persona tenga que demostrar, corriendo con todos los gastos, que la compañía había cometido un error. Sería terrible tratar con una compañía que *no* pensara que el servicio al cliente es importante si éste es el ejemplo de una compañía que piensa que sí lo es.

EL CRECIMIENTO REPENTINO

Un impedimento a un buen servicio al cliente surgió de los cambios tecnológicos acontecidos en este período. Especialmente en el campo de la TI, las compañías surgían de la nada y se hacían enormes en escalas de tiempo increíblemente reducidas. Las computadoras, y después Internet, golpearon a las empresas con una fuerza sin precedentes. El crecimiento era increíblemente rápido. Como resultado de esto, las compañías cuyos negocios habían estado dirigidos por las computadoras o por Internet han ocupado una posición única. Realmente no ha importado cómo fuera su servicio al cliente; sólo tenían que concentrarse en sacar el producto lo suficientemente rápido, en virtud de la demanda.

UNA HISTORIA DE TERROR

LA CESTA TARDÍA

Los comerciantes al por menor que venden en Internet a menudo han sufrido la incapacidad de establecer unos canales de servicio adecuados a tiempo para mantenerse al nivel de su repentina entrada en escena. Tomemos este doloroso ejemplo: una compañía realizó un pedido para hacer un regalo a un cliente a una compañía *on line* a la que llamaremos pressies.com (si en el futuro alguna compañía llamada pressies.com es creada, no había ninguna en el momento en que se escribió esta historia). Se trataba de un regalo de Navidad, que se había pedido bastante tiempo antes de las vacaciones para que fuera entregado en Nochebuena. Tras esta fecha, se sucedieron la siguiente serie de e-mails entre pressies.com y el cliente, que reproducimos aquí para obtener toda la esencia de la mala gestión de esta interacción.

De: Servicio al Cliente de Pressies.com
Enviado: miércoles 12 de enero de 2000. 09:37
A: Hilary

Hilary,

Debido a aspectos técnicos con el vendedor, la cesta ejecutiva que solicitó ya no está disponible. En su lugar podemos enviar bien una cesta de frutas secas, o bien una cesta de frutas exóticas de lujo. Se la enviaremos con carácter prioritario y sin ningún recargo imputable.

Esperamos tener noticias suyas tan pronto como sea posible para tramitar y entregar este pedido.

Cuando contacte con nosotros, diríjase por favor al Departamento de Movilidad para que se lo envíen.

Gracias por su paciencia.

Fred X
Equipo de Movilidad, pressies.com

▷

De: Clarissa
Enviado: viernes 14 de enero de 2000. 03:50
A: Servicio al Cliente de Pressies.com

Estimado Servicio al Cliente @ pressies.com:

Les respondo en nombre de mi colega Hilary, que está demasiado furiosa como para responder ella misma.

Ambas estamos decepcionadas porque usted no envió la cesta que solicitamos.

Habernos informado el 12 de enero, tres semanas después de la fecha en que la cesta debería haber llegado a su destino, de que la cesta ya no estaba disponible, no es suficiente por lo que a nosotras respecta. Comprendemos que haya podido estar muy ocupado, pero en el mundo en el que vivimos, la pronta respuesta es muy importante.

No vamos a correr con los gastos de dicha cesta, y pienso que ustedes deberían enviar al destinatario una cesta de frutas exóticas libre de cargas a modo de disculpas y en virtud del mantenimiento de unas buenas relaciones con el cliente.

No sé si mencioné que trabajamos en el mundo de los medios de comunicación y prensa, y que no dudaremos en hacer pública nuestra opinión sobre su servicio, o la falta del mismo, como es el caso.

Quedo a la espera de su respuesta.

Clarissa

De: Servicio al Cliente de Pressies.com
Enviado: viernes 14 de enero de 2000. 14:33
A: Hilary; Clarissa

Estimadas Hilary/Clarissa:

Realizaremos el envío el lunes para que sea entregado al día siguiente por la mañana y abonaremos en su cuenta la suma total de la compra. Sentimos enormemente que hayan tenido una experiencia tan desagradable con nosotros, pero somos un sitio web nuevo y tan sólo nos encontramos en la segunda fase de un desarrollo de tres. Procuramos corregir todos nuestros errores y esperamos que estén solucionados en un futuro cercano. Desearíamos que fueran pacientes con nosotros y volvieran a visitar nuestra página web y, así, nos dieran otra oportunidad de conservarles como clientes.

También quisiéramos darles un código de cupón para que puedan utilizarlo en el futuro en cualquier otro pedido. Este cupón les descontará 15 dólares en su próxima compra. Si por alguna razón, éste no funcionase, por favor pónganse en contacto con nosotros y les daremos uno nuevo.

Gracias por comprar en Pressies.com

Sally

De: Servicio al Cliente de Pressies.com
Enviado: miércoles 19 de enero de 2000. 01:01
A: Hilary

Estimada Hilary:

El siguiente artículo ha sido enviado en el día de hoy:

Número de pedido: 123456

1 – Cesta ejecutiva

¡Gracias por su compra!

Atentamente,

Servicio al Cliente de Pressies.com

De: Hilary
Enviado: miércoles 19 de enero de 2000. 02:53
A: Servicio al Cliente de Pressies.com

Me encuentro un poco confundida con respecto a esto.

Supongo que este pedido se ha entregado libre de cargas, tal y como nos indicó en su e-mail a Clarry y a mí. Si no es el caso, ya no deseo que sea entregado, ya que supuestamente esto debía haber ocurrido antes de Navidad. No tendría sentido hacerlo casi un mes después.

Rogamos nos informe sobre ello.

Atentamente,

Hilary

De: support@pressies.com
Enviado: miércoles 19 de enero de 2000. 14:15
A: Hilary

Estimada Hilary:

La entrega se efectuó con fecha de 18/1/00 a las 14:57, como muestra la información abajo incluida.

No le hemos cobrado los gastos de envío por este artículo. No obstante, observará un cargo por la cesta. Como ésta ya ha sido enviada, el pedido no puede ser cancelado.

Gracias por comprar en Pressies.com

Sally

De: Hilary
Enviado: miércoles 19 de enero de 2000. 14:19
A: Servicio al Cliente de Pressies.com

No estoy dispuesta a pagar por la cesta ya que esto está claramente indicado en el primer mensaje que Clarissa les envió, y cito:

No vamos a correr con los gastos de dicha cesta, y pienso que ustedes deberían enviar al destinatario una cesta de frutas exóticas libre de cargas a modo de disculpas y en virtud del mantenimiento de unas buenas relaciones con el cliente.

En ningún momento se les pidió que enviasen la cesta a pesar de todo y nos cargaran su coste. Se trataba de una sugerencia, y probablemente una lección, para unas buenas relaciones con su cliente. Yo diría que enviar una cesta casi un mes tarde y después cobrar el coste de este servicio se trata de una broma que roza el agravio.

En sus mensajes usted nos indicó a Clarissa y a mí lo siguiente:

▶

Realizaremos el envío el lunes para que sea entregado al día siguiente por la mañana y abonaremos en su cuenta la suma total de la compra.

Discúlpeme si me equivoco, pero lo anterior no se refiere SÓLO a los costes de envío, si no que se indica claramente que se ingresará en mi cuenta la suma total de la compra, y esto significa que yo debería recibir una devolución TOTAL.

Después usted continúa diciendo:

Desearíamos que fueran pacientes con nosotros y volvieran a visitar nuestra página web y, así, nos dieran otra oportunidad para conservarles como clientes.

Puedo afirmar con total seguridad que no volveré a utilizar su sitio web en un futuro cercano ni lejano, y ni que decir tiene que no recomendaré sus servicios a ninguno de mis colegas o amigos.

Le recomiendo que en el futuro mantenga un registro detallado de lo que promete a cada cliente contrariado y se asegure de que sus promesas se cumplen, pues, de lo contrario, sólo acrecentará el enfado, el malestar y la frustración. No soy capaz de expresarle lo disgustada que estoy; no puedo creer que en un mundo en el que los servicios por Internet están surgiendo a cada segundo, usted esté arriesgando el futuro de su compañía estableciendo unas relaciones tan deficientes con sus clientes.

Espero recibir la confirmación de que el reembolso ha sido efectuado y el nombre y demás detalles del lugar al que debo dirigirme para realizar una queja oficial.

Espero una rápida respuesta.

Atentamente,

Hilary

De: support@pressies.com

Enviado: jueves 20 de enero de 2000. 10:25

A: Hilary

Estimadas Hilary/Clarissa:

Les abonaremos completamente este artículo. Lamentamos la confusión. Pronto encontrarán el abono efectuado en su cuenta. Este proceso podría tardar un tiempo máximo de 3 semanas en ser realizado.

Gracias por comprar en Pressies.com

Sally

La incapacidad para reconocer las necesidades del cliente ilustrada en el caso de Pressies.com son los síntomas de una empresa inmadura. Sin embargo, hay algunos indicadores que muestran que la madurez está entrando en el terreno de juego, y que incluso aquellas compañías que han logrado un éxito inmenso evitando el servicio al cliente, en lugar de proporcionarlo (¿podríamos decir Microsoft?), tendrán que cubrirse las espaldas muy pronto. Un crecimiento repentino es emocionante, pero también peligroso.

EL DESEQUILIBRIO

El resultado de estos cuatro factores es un creciente desequilibrio entre las expectativas del cliente y la realidad que ofrecen las compañías. A menudo una compañía sufre de una combinación de los factores, haciendo que el servicio al cliente sea más un problema. Es extraño que algo aparentemente tan compren-

66Un crecimiento repentino es emocionante, pero también es peligroso.99

66La mayoría de las grandes compañías sólo han dado los primeros pasos temblorosos en la dirección hacia un buen servicio al cliente.99

sible permanezca siendo una barrera, pero, de hecho, la mayoría de las grandes compañías sólo han dado los primeros pasos temblorosos en la dirección hacia un buen servicio al cliente.

UNA HISTORIA DE TERROR

CUENTE CON SU BANCO

Los bancos cada vez confían más en un servicio telefónico y *on line* para sus clientes, pero parece que algunos de ellos creen que los clientes se lo tienen que dar todo regalado.

La cuenta bancaria de mi empresa está gestionada por una sucursal que se encuentra a unos ochenta kilómetros de distancia. Cuando mi empresa se trasladó, no merecía la pena todo el papeleo que se requería para cambiar de sucursal, o al menos eso nos pareció en aquel momento. Muchas veces no vamos hasta allí para extender un cheque y transferir nuestros salarios de la cuenta de la compañía a nuestras cuentas personales; en su lugar, telefoneamos al banco y solicitamos una transferencia.

Hace aproximadamente un mes telefoneé al banco y describí a la agente lo que quería hacer. "No es posible", me respondió. "No estoy autorizada a hacerlo". Le indiqué que lo había hecho en varias ocasiones durante los últimos tres años. "¿Quién le realizó esta operación?", me preguntó, "Porque no estamos autorizados a hacerla". Yo estaba perplejo. ¿Cómo podía saber quién lo había hecho? "Quien contestara al teléfono", le respondí. "No es posible", me dijo, "No tienen autorización". En ese momento yo ya comenzaba a enfadarme. "Puede mirar el extracto de mi cuenta. Se ha realizado".

La agente insistió con el argumento de que una agente como ella no podía haber hecho la transferencia, que tendría que haber hablado con el director y que seguramente él tampoco lo habría hecho. Me encontré con esta información, que contrariaba el hecho de que yo había realizado la misma transacción por teléfono con la agente que me había respondido, al menos, media docena de veces. Lo que esta agente parecía estar diciendo es que yo mentía. Esto me desagradó. Era bastante comprensible que, como medida de seguridad, el banco pusiera impedimentos a realizar una transferencia (aunque un banco moderno debería tener los mecanismos apropiados), pero era completamente inaceptable que la agente pudiera sugerir (consciente o inconscientemente) que yo estaba mintiendo.

"Algunos de ellos creen que los clientes se lo tienen que dar todo regalado."

Este desequilibrio entre las expectativas y la realidad no son del todo malas noticias. Para la compañía que esté dispuesta a hacer algo para solucionarlo, el desequilibrio supone que el servicio al cliente permanece siendo una poderosa oportunidad para marcar la diferencia. Si puede ofrecer un buen servicio al cliente y continuar potenciándolo, puede adelantarse a las expectativas del cliente, dejar de vivir en el pasado, alejarse del hecho de apoyar con palabras, pero no con hechos y superar los peligros de un desarrollo explosivo. Lo que se necesita es una nueva herramienta de construcción para crear el servicio al cliente que describen los doce componentes que aparecen en este libro.

EN CUALQUIER CASO, ¿QUIÉNES SON NUESTROS CLIENTES?

Cuando pensamos en el servicio al cliente, siempre debe tenerse presente el aspecto de la identidad de los clientes. Con demasiada frecuencia asumimos que nuestros clientes son simplemente las personas que nos pagan dinero, pero debe tomarse una perspectiva más amplia. ¿Qué ocurre con los jefes o las familias de los clientes? ¿Qué pasa con las personas que *podrían* comprar sus productos y servicios, pero que gastan su dinero en otro lugar? Resulta instructivo que el fabricante de coches de lujo Mercedes-Benz considere a los fabricantes de helicópteros y yates sus mayores competidores en el mercado. Estamos habituados a un análisis de la competencia, pero necesitamos asegurarnos de que también vigilamos a los clientes de esos competidores. Por esta razón, y en relación con sus proveedores, ¿no son clientes potenciales con un interés personal en su compañía?

"El servicio al cliente sigue siendo una poderosa oportunidad para marcar la diferencia. Si puede ofrecer un buen servicio al cliente y continuar potenciándolo, pude adelantarse a las expectativas del cliente."

"¿Qué pasa con las personas que *podrían* comprar sus productos y servicios, pero que gastan su dinero en otro lugar?"

"Resulta instructivo que el fabricante de coches de lujo Mercedes-Benz considere a los fabricantes de helicópteros y yates sus mayores competidores en el mercado."

UNA HISTORIA CON FINAL FELIZ

UNA SONRISA RESPLANDECIENTE

El director de una compañía farmacéutica internacional viajaba atravesando el Océano Atlántico con una línea aérea importante. La compañía farmacéutica tenía un acuerdo con la línea aérea en virtud del cual proveía a todos sus viajes, un acuerdo que beneficiaba a ambos. El director abrió su neceser de pasajero de primera clase y se dio cuenta de que el dentífrico era el fabricado por un competidor. Hizo un cálculo rápido. El beneficio que su compañía aportaba a la línea aérea era, al menos, diez veces el coste de los productos del neceser. Al volver a la oficina, comunicó su discrepancia al consejo de la línea aérea. En un período de un mes, ésta había cambiado su proveedor de pasta dentífrica a favor de la compañía farmacéutica.

Este libro no trata de identificar a los clientes y a los clientes potenciales; esto es por sí mismo un éxito de taquilla, pero es importante cuando se mira a los componentes del carisma tener en cuenta no sólo aquellos que apelen a su base de clientes actual percibida, sino a los clientes potenciales y los influyentes. Fíjese especialmente en estos influyentes. Ha sido preciso mucho tiempo, pero los fabricantes cada vez se dan cuenta de lo mucho que los miembros de una familia influyen sobre quien tradicionalmente toma las decisiones en la elección de un producto. Podrían ser los hijos quienes influyan a la hora de comprar un ordenador, maridos fascinados por electrodomésticos con artilugios inteligentes o esposas que eligen el automóvil familiar, entre una gran gama de estereotipos rotos, pero el hecho es que su objetivo debería ser influir en las personas que con más probabilidad tomarán la decisión de gastar su dinero con usted por primera o por segunda vez. Son las personas a quienes debe cautivar. Es hora de sacar a relucir todos sus encantos.

66Su objetivo debería ser influir en las personas que con más probabilidad tomarán la decisión de gastar su dinero con usted por primera o por segunda vez.99

66Es hora de sacar a relucir todos sus encantos.99

1 AVANZAR UN AÑO LUZ

Durante un largo período de tiempo, "dar un paso adelante" ha constituido la fórmula del éxito, pero este paso se ha descartado, obligando a las compañías a llegar más lejos para demostrar su carisma. Es incluso necesario considerar la posibilidad de dar un paso decisivo y ofrecer a los clientes lo que desean, y todo sin producir la bancarrota.

DAR EL PASO SIGUIENTE

A todos nos han impresionado los logros que acercan a un individuo al límite. Nuestras imaginaciones están atrapadas por quienes superan un récord, por quienes caminan sobre el hielo hasta alcanzar el Polo Sur, o por quienes escalan las montañas más altas. El esfuerzo realizado hace que estas proezas sean más interesantes que el hecho de que una persona corra para coger un autobús, que alguien entre en una heladería o que otra persona suba a la cima de una colina. De forma similar, nos impresiona que una compañía o una persona que trabaje para esa compañía realice el esfuerzo de ir más allá de las expectativas en nuestro nombre.

Aquí es donde surge el primer gran problema en lo referente a la instrucción tradicional o los estándares de la atención al cliente, los manuales y los guiones. Tan pronto como los empleados comienzan a realizar su trabajo siguiendo las reglas, se ciñen a unos estándares, de modo que no amplían sus fronteras, sino que realizan un trabajo estándar, como el de un camarero de un restaurante de comida rápida que le desea que tenga un buen día (además de preguntarle si quiere alguna otra salsa).

UNA HISTORIA DE TERROR

EL FONTANERO INÚTIL

"Hace una semana, en domingo (¡cómo no!), la calefacción central dejó de funcionar. Yo podía asegurar que el fallo no residía en la caldera, pues había agua caliente (y tan caliente).

"Intenté ponerme en contacto con nuestro fontanero habitual, pero nadie contestaba, de modo que llamé a una compañía a la que habíamos recurrido en alguna ocasión en el pasado y les describí los síntomas".

"Sí señor, debe de haber sido el termostato de la caldera". Le repetí que el agua se había calentado y que podían estar equivocándose en su diagnóstico. Su respuesta fue del estilo de "deje la fontanería a los fontaneros". Antes de que pudiera decir algo más, me comunicaron sus tarifas (que eran altas) y que posiblemente podrían hacerme un hueco, al tratarse de una emergencia (teniendo en cuenta las heladas que se estaban produciendo en la calle), el martes siguiente. Rechacé su oferta.

"Como teníamos estufas y radiadores de gas, nos arreglamos cómodamente hasta el lunes por la mañana, cuando llamé de nuevo a mi fontanero. Éste se mostró de acuerdo con mi diagnóstico del fallo de una válvula, y se quedó desconcertado cuando no sólo le indiqué el nombre de la marca, sino también el número de modelo. Luego dijo: "El único problema es que esta tarde debo ir a Plymouth", pero añadió que si yo podía estar en la casa a la hora en que él volviera, pasaría por allí. Yo podía ir y él también acudió. ¡Sólo tardó quince minutos en salir de nuestra casa!

El fontanero poco profesional de esta historia no sólo no estaba preparado para dar un paso adelante, sino que ni siquiera sabía cómo comenzar. Una de las razones por las que la satisfacción del consumidor es, por lo general, baja, se debe a esta actitud completamente despreocupada, algo demasiado habitual en muchas compañías.

EL PASO DEVALUADO

Gran parte de lo que se ha hecho en nombre de los estándares del servicio al cliente se ha devaluado, convirtiéndose en una parodia sosa y pasteurizada de la realidad. Ésta es la razón por la que sugiero la necesidad de avanzar un año luz, ir más allá del cúmulo de servicios al cliente estandarizados; necesitamos abrirnos paso de unas magnitudes que lleguen muy por encima de los demás.

Éste es un verdadero problema que tiende a ignorarse. Todos los gestos de aparente amabilidad hacia el cliente causan más daños que beneficios. Un letrerito en la solapa en el que se lea, "Hola, soy María, que tenga un buen día" puede tener un efecto realmente negativo en el servicio al cliente. La suposición general es que se pueden tomar los pobres estándares existentes y prenderlos en la solapa para aparentar ser alguien que se preocupa, y así todo irá bien. Sin embargo, gracias a la devaluación que ha tenido lugar, seguro que sería preferible destruir todo este mecanismo y sustituirlo por algo nuevo.

Gran parte del servicio al cliente en la actualidad se encuentra en la misma situación en la que se encontraban las compañías de alumbrado por gas cuando se introdujo la luz eléctrica. En lugar de implicarse en ésta, la mayoría de las compañías de gas intentaron ofrecer lámparas de gas mejores o más baratas para vencer a la nueva competencia, pero no funcionó. Algo similar está ocurriendo con el equivalente del alumbrado por gas: el servicio al cliente, y la solución no es dar más de lo mismo, sino ofrecer algo nuevo.

LA DISTANCIA PUEDE SER RELATIVA

Tenga en cuenta, cuando intente hacer algo más que dar un paso adelante, que la distancia, en este sentido, es un concepto relativo.

Ante estas buenas noticias, sería fácil para las tiendas estadounidenses darse un respiro, pues parece que ya han avanzado una buena distancia, pero no es tan sencillo. Todo gira en torno a esa insidiosa palabra "extra". El servicio al cliente en Estados Unidos puede estar mucho más adelantado que su equivalente europeo, pero eso no significa que no importe que sus competidores sean otros establecimientos estadounidenses. Usted todavía debe avanzar un año luz con

❝Gran parte de lo que se ha hecho en nombre de los estándares del servicio al cliente se ha devaluado, convirtiéndose en una parodia sosa y descafeinada de la realidad.❞

❝La respuesta no es dar más de lo mismo, sino ofrecer algo nuevo.❞

UNA HISTORIA CON FINAL FELIZ

EL SUEÑO AMERICANO

Un residente en los Estados Unidos que había nacido en el Reino Unido pudo obtener una perspectiva particularmente útil con respecto al servicio al cliente. "Vivo en la tierra del mejor servicio al cliente, algo a lo que me resultó difícil acostumbrarme. La frase "¿Puedo ayudarle en algo?" que podía oírse un segundo después de haber entrado en cualquier establecimiento llegaba incluso a molestarme; ahora, si no me formulan esta pregunta veinte segundos después de entrar, siento ganas de irme. Es mucho más fácil preguntar al vendedor dónde se encuentran los artículos que recorrer toda la tienda en su busca, algo que me recuerda lo que me sucede cada vez que vuelvo a Inglaterra".

"Los niveles de servicio en los supermercados del Reino Unido son tan malos que llegan a hacerme reír abiertamente cuando me encuentro en la fila de la caja. En cambio, aquí incluso discuten por atenderte, y hay personal en los pasillos por si hace falta ayuda para encontrar alguna cosa. *Nunca* he salido de un supermercado estadounidense sin llevarme todo lo que deseaba".

respecto a su competencia, la presión aún se encuentra ahí. Mientras tanto, el servicio al cliente en el Reino Unido ni siquiera habrá traspasado la línea de salida.

CUIDADO CON LOS CONTABLES

Otra razón para no quedarnos dormidos en los laureles en Estados Unidos es que, tan pronto se baja la guardia, los contables llegan y lo estropean todo. Esto se ha ilustrado con auténtico fervor en los vuelos nacionales estadounidenses. En una época, el hecho de recibir comida estaba bastante garantizado, de modo que la bebida siempre llegaba acompañada de una bolsa de cacahuetes y un trato amable por parte de la azafata. Ahora, uno es tratado como una molestia que se cruza en la fluida operación de la compañía.

Resulta interesante que algunas líneas aéreas incluso han utilizado el clásico argumento de que esto ocurre porque así lo han querido los clientes. Por

> ❝El servicio al cliente en Estados Unidos puede estar mucho más adelantado que su equivalente europeo, pero eso no significa que no importe que sus competidores sean otros establecimientos estadounidenses.❞

desgracia, este argumento ignora completamente la naturaleza de la causalidad. La teoría se basa en que las personas quieren vuelos más baratos, y puede haber vuelos más baratos si se eliminan todos los lujos, de modo que lo que las personas quieren son vuelos sin lujos. Sin embargo, si le preguntaran "¿Desea un vuelo sin comida y con azafatas malhumoradas?", lo más probable es que la respuesta sea diferente.

"Las personas quieren cosas baratas" podría ser el mantra de los contables, pero no es lo mismo que "las personas quieren cosas baratas a costa de la atención al cliente". En la actualidad, relativamente pocas personas desean pagar precios excesivos (aunque habría que pensar dónde situar a quienes sí los pagan), pero la mayor parte preferiría pagar un poco más por disfrutar de una buena experiencia, que tener que vérselas con un transporte barato y malo. Sólo hay que observar el éxito de las instalaciones de Disney para darse cuenta de ello.

DAR UNA SENSACIÓN DE BIENESTAR

Para avanzar un año luz, nuestro personal de atención al cliente debe proporcionar una sensación de bienestar al cliente, hacer que la experiencia de tratar con ellos sea algo especial. Veremos muchos aspectos concretos en los demás componentes, pero este bienestar puede atribuirse a tres cosas: lo que dice, cómo lo dice y lo que hace. Trivial, sin duda, pues seguramente cualquiera puede ser instruido para pronunciar las palabras adecuadas, decirlas con una sonrisa y hacerlo del modo adecuado, pero esto es válido hasta que observamos qué es lo que queremos del personal.

Comencemos con la parte de "lo que hace". Que viene a ser pedir al personal que tome la iniciativa si algo debe hacerse en nombre del cliente, que siga adelante y lo haga, en lugar de informar sobre el problema al responsable o, lo que es aún peor, ignorarlo. Ya he perdido la cuenta de las veces que he visto los artículos mal dispuestos en los supermercados u otros establecimientos,

66'Las personas quieren cosas baratas' podría ser el mantra de los contables.99

66Para avanzar un año luz, nuestro personal de atención al cliente debe proporcionar una sensación de bienestar al cliente.99

mercancía tirada por el suelo, artículos sin precio, productos colocados en lugares que no les corresponden y bombillas fundidas. Al mismo tiempo, he visto varios empleados de pie en esas mismas áreas que no hacen nada por solucionarlo. ¿Por qué? Porque no es su trabajo, porque no les importa.

UNA HISTORIA CON FINAL FELIZ
DOCTOR, DOCTOR

"Recientemente acudí al ambulatorio local, donde atienden cinco doctores. Debido a un error del personal de recepción, tuve que esperar más tiempo de lo habitual. Uno de los doctores (que no era el que yo iba a visitar) se dio cuenta de que había estado esperando durante un buen rato, de modo que comprobó en la recepción que no era él quien debía recibirme, advirtiéndoles de mi presencia".

"A menudo es un cúmulo de pequeños detalles como éste lo que viene a ser avanzar un año luz; molestarse por averiguar lo que ocurre cuando se ve algo inusual y solucionar las cosas sin que se le haya pedido hacerlo. Gracias, Doctor Muller".

La experiencia ha demostrado que no es suficiente con establecer una política, pues, sinceramente, las políticas rara vez logran lo que con ellas se pretende. Como todas las reglas, restringen, en lugar de dar libertad de acción. Por ello, en su lugar, se debe empezar por la cultura. En la compañía debe existir la creencia de que hacer que las cosas ocurran es mi responsabilidad (independientemente de lo que haya que hacer), que lo voy a solucionar, y que voy a disfrutar con ello. Pero esto no es algo que se consiga en una sesión de formación, sino que necesita un refuerzo continuo, un refuerzo que no será comprendido a menos que ascienda hasta el último peldaño, hasta que el jefe ejecutivo no encuentre ninguna bombilla fundida sin hacer algo para solucionarlo. Una vez que el director general haya sido visto barriendo el suelo del pasillo 23 o dejando todo a un lado para ayudar a un cliente a rellenar un formulario, y que además haya sido visto por un gran número de empleados, sólo entonces el mensaje empezará a comprenderse.

❝La experiencia ha demostrado que no es suficiente con establecer una política.❞

Este mismo enfoque proveniente de las capas directivas puede observarse en el modo en que nos comunicamos con los clientes. Es del todo sorprendente que el personal de atención al cliente no se tome las conversaciones, las cartas o los e-mails de los clientes con la suficiente seriedad, ya que es un suicidio profesional enviar un e-mail al jefe ejecutivo. Todos nos hemos encontrado alguna vez en puntos de servicio donde el agente acaba una conversación en primer lugar, o termina de examinar un documento antes de levantar la vista y molestarse para atender a un cliente. Este tipo de comportamiento sencillamente no es aceptable como servicio al cliente, aunque es un reflejo perfecto del modo en que muchos directivos tratan a sus empleados. ¿No se ve aquí una lección que habría que aprender?

La necesidad de sonreír es también más esquiva de lo que debería ser. Ofrecer una sonrisa al cliente, ser verdaderamente agradable con él, es el mejor servicio posible al cliente. Probablemente no exista ninguna compañía que no haya pedido a su personal del departamento de atención al cliente que sonría a los clientes, pero entonces, ¿por qué vemos tantas expresiones que oscilan entre aburrido y miserable?

Resulta interesante que alguna investigación no estructurada haya indicado que muchas personas ni siquiera son conscientes de la expresión malhumorada que están presentando al resto del mundo. En el peor de los casos, creen que su expresión es "neutral", y en el mejor, que es una sonrisa. Sin embargo, el problema es que las expresiones neutrales no son en absoluto neutrales. La próxima vez que vaya a un restaurante, a un parque o que se encuentre en un tren, cualquier lugar donde las personas tengan una actitud de descanso, mire a su alrededor. La mayor parte de las personas parecerán tristes, pero en verdad no se sienten así; lo que ocurre es que la expresión facial natural relajada no es

❝Una vez que el director general haya sido visto barriendo el suelo del pasillo 23 (...) entonces el mensaje empezará a comprenderse.❞

❝La necesidad de sonreír es también más esquiva de lo que debería ser.❞

❝Hacer que las sonrisas formen parte del uniforme, ayudándose quizá con una recompensa.❞

positiva, lo que desmiente la sandez de que para sonreír se necesitan menos músculos que para fruncir el ceño.

Al final sólo hay dos cosas con las que logrará poner una sonrisa en los rostros de sus empleados. Una es convertirlo en un hábito, posiblemente reforzado por ocasiones en las que pueda ver sus caras en sus puestos de trabajo a intervalos regulares. La otra es hacerles comprender lo potente que resulta la expresión a la hora de dar al cliente esa sensación de bienestar, y hacer que las sonrisas formen parte del uniforme, ayudándose quizá con una recompensa.

Tampoco es fácil mantener una conversación que proporcione la sensación de bienestar, pues tan pronto como exista un guión, perderemos dicha sensación. Es adecuado que el personal de atención al cliente conozca el

UNA HISTORIA CON FINAL FELIZ

FÍJESE

Este ejemplo del valor positivo de la conversación tuvo lugar en un supermercado de algún lugar del Estado de Nueva York.

Hace poco tiempo, en un pequeño supermercado, me encontraba en la fila de la caja. La cajera, al pasar un artículo por el escáner se detuvo y exclamó: "Es curioso, nunca había visto uno de estos. Tienen un precio increíble, ¿no es cierto? Tendré que llevarme uno para mí". Me hizo sentirme realmente bien.

Ocurrieron dos cosas: la cajera estaba elogiando de forma indirecta la elección del cliente, y estaba aportando una perspectiva de "empleado" en cuanto al buen precio del producto. El cliente se sintió bien por ambos motivos. Siempre existe un pequeño riesgo en un entorno de alta tecnología de que el cliente se preocupara porque la vendedora no conociera un producto, pero, por lo general, esta actitud (si no se abusa demasiado de ella y no se usa de forma mecánica) puede ser muy efectiva a la hora de transmitir bienestar. No obstante, debe asegurarse de que el producto sea uno que realmente provoque esta reacción. Aparentar una agradable sorpresa por la existencia de un artículo de uso común ("¡Oh! Un clip, qué buena idea") o entusiasmarse por un artículo que carece de emoción en absoluto ("¿No es genial? Regalan una loncha gratis en los paquetes de jamón. Nunca se me habría ocurrido. Tendré que llevarme uno".) Resulta falso a primera vista y destruye la ilusión de mantener una conversación auténtica.

mensaje que debe transmitir, pero si no puede hacerlo con sus propias palabras, si no es capaz de modificar el contenido para adecuarlo a cada cliente, no habrá forma alguna de transmitir ese bienestar. Después de todo, nadie podría fingir que se está tomando la molestia para atender a un cliente, o darle la impresión de estar hablando con un amigo, cuando en realidad se está ciñendo a un guión.

UNA HISTORIA DE TERROR

EL SEÑOR ENFADOS

Esta historia, relatada con las propias palabras de un agente, tuvo lugar en un servicio de atención telefónica en Dallas, Texas. Es algo muy típico del comportamiento irracional con el que en ocasiones ha de tratar el personal de atención al cliente. La conversación gira en torno a un módem, un dispositivo que se utiliza para conectar una computadora a Internet y a un proveedor de servicios de Internet (ISP). En esa época, un tipo común de módem era el de 56k, que quiere decir que pueden manejar 56.000 bits por segundo (que en realidad son 57.344 bits por segundo, pero no seamos quisquillosos), aunque como John, el agente del ISP, explica al cliente, esto no es verdad.

Suena el teléfono...

Yo: Le atiende John, ¿en qué puedo ayudarle?

Cliente: Tengo un módem de 56k, pero sólo se conecta a una velocidad de 45.333. ¿Estáis teniendo algún problema?

Yo: No, señor, no hay ningún problema. Se trata de la velocidad media de conexión.

Cliente :   ¿Qué quiere decir con la velocidad media de conexión? ¿Cuál es su problema? ¿Es que nunca van a modernizar sus equipos?

Yo: Señor, tenemos un equipo de 56k de vanguardia fabricado por Nortel, pero las regulaciones de la FCC no permiten que se conecte a 56k, y no sólo eso, sino que la tecnología se ve limitada por la calidad de su línea telefónica.

Cliente :   ¡Mi línea telefónica no tiene nada de malo!   ▷

Yo: Usted debería tener una línea telefónica completamente limpia para obtener una velocidad de conexión significativamente mayor, pero pocas personas tienen una línea así.

Cliente: Mi vecino se conecta a su proveedor de Internet a una velocidad de 57.600. No sé si lo captas.

Yo: Señor, esa velocidad que él ve no es la velocidad a la que se está conectado a su proveedor de Internet, sino que es la velocidad a la que su computadora está conectada al módem. Los módems pueden mostrarle dos velocidades, pero su computadora sólo puede mostrarle una de ellas y la velocidad que ve viene determinada por el modo en que esté configurado su módem.

Cliente: Eso son tonterías. ¡Usted está intentando confundirme!

Yo: Señor, yo sé que en ocasiones esto puede ser muy frustrante, pero su conexión es perfecta. Simplemente no comprende cómo funciona todo esto de las telecomunicaciones.

Cliente: No me diga que no sé cómo funciona todo esto porque soy ingeniero de la GTE.

Yo (pensando ¡Oh, Dios mío!): Señor, si no está contento con nuestro servicio, estaré encantado de devolverle su dinero.

Cliente: No quiero que me devuelva mi dinero, ¡lo que quiero es que esto funcione!

Yo: Nuestro equipo funciona perfectamente. No hay nada que pueda hacer para ayudarle.

Cliente: Eso es mentira. Seguramente tenéis algo mal configurado.

Yo: Señor, yo mismo lo he configurado todo y sé que funciona correctamente. Si no estuviera bien configurado, simplemente no funcionaría.

Cliente: Entonces es que usted debe de ser estúpido.

Yo: Mire, estoy hasta el gorro de usted. Le he explicado lo que ocurre y no atiende a razones. ¡No me pagan para hacerle la pelota, así que deme su nombre y le devolveré su dinero!

Cliente: No quiero que me devuelva mi dinero y no pienso decirle mi nombre. ¡YO le pago para que me haga la pelota, así que mueva su trasero y solucione este problema!

Yo: ¿Sabe lo que le digo? Puedo saber quién es usted por los identificadores de llamada y averiguar su cuenta. Cuando consiga saber quién es, ¡me aseguraré de que NO se le devuelva su dinero y su cuenta, en cualquier caso, será cancelada! ¡Que tenga un buen día! <CLICK>

John concluye así: "Averigüé de quién se trataba y cerré su cuenta. Nunca volví a tener noticias de esta persona, ni siquiera sé si telefoneó a mi jefe o si consiguió la devolución de su dinero. No me importa, pero no he conseguido borrar esta historia de mi cabeza".

EL ESTÚPIDO Y EL DIFÍCIL

Resulta muy goloso proporcionar a los clientes algo especial, ir más allá de las expectativas, pero a veces da la sensación de que el cliente es simplemente demasiado estúpido o que pone las cosas intencionadamente difíciles como para poder hacerlo. La mayor parte de los empleados en el servicio al cliente pueden relatar un caso con un cliente difícil.

Es cierto que John no dio al cliente una sensación de bienestar, pero ¿acaso fue posible? Después de todo, el cliente estaba equivocado y no atendía a razones. Estaba fuera de toda lógica. Pero volvamos al hecho de que el trato con los clientes no se diferencia del trato con cualquier otro ser humano. Para empezar, y no es algo nada trivial, como veremos más tarde (*véase* la página 82), si un empleado en el servicio de atención al cliente puede realmente apreciar a las personas, todo lo demás resulta más sencillo. Se pueden pasar por alto las manías, comprender su irracionalidad. Todos estamos preparados para hacer esto con nuestros amigos y nuestros familiares, así que el mismo proceso puede ser aplicado a los clientes.

❝Si un trabajador de atención al cliente puede realmente apreciar a las personas, todo lo demás resulta más sencillo.❞

❝El personal de primera línea debe ser capaz de decir 'no' a un cliente, pero sin la opresión de las reglas y de los procedimientos.❞

Un buen comienzo es observar la situación desde el punto de vista del cliente. Trasládese mentalmente de su posición a la del cliente, piense en lo que él o ella está experimentando y escuche lo que le dice sin que sus propios valores influyan. Esto no significa que tenga que ser una persona fácil de convencer, pues no deseará sucumbir a todas las demandas de sus clientes. Siendo realistas, algunos de ellos intentarán discutir con usted, pero no entre en el juego suponiendo que esto es así. El personal de primera línea debe ser capaz de decir "no" a un cliente, pero sin la opresión de las reglas y de los procedimientos. Deben ofrecer un juicio razonado. A menudo lo malinterpretarán, pero merece la pena aceptarlo a cambio de una mejora general en la atención al cliente.

Cuando hay que tratar con clientes difíciles podemos comprobar más que ninguna otra persona hasta qué punto la sensación de bienestar es reflexiva. Todos apreciamos a las personas como nosotros, no podemos evitarlo y, a no ser que tengamos un ego inmenso y esperemos recibir devoción, tendemos a sentir que alguien que nos aprecia está haciendo algo especial, y no es difícil devolver el favor. No tiene sentido decir que "el cliente siempre tiene la razón", pues el cliente de John estaba equivocado, no cabe duda sobre ello. Sin embargo, es mucho más fácil tratar con personas que no están en lo cierto si las apreciamos.

Un componente fundamental a la hora de avanzar un año luz, y en especial cuando se trata con clientes difíciles, se reduce a este asunto del aprecio. No puede obligar a sus empleados a apreciar a todas las personas, pero puede enseñarles a conocer los beneficios personales que aporta el aprecio, que disfrutarán más su trabajo, que obtendrán mejores resultados y que no es tan difícil cuando se le coge el tranquillo. Sobre todo, es algo que aprenderán con el ejemplo. ¿Qué mensajes captan los empleados de atención al cliente sobre la opinión que tienen los directivos sobre ellos? ¿Piensan que los directivos les aprecian o hay barreras y distinciones? El aprecio empieza por uno mismo.

❝El aprecio empieza por uno mismo. ❞

❝Un verdadero obstáculo para proporcionar bienestar es la falta de determinación para dar a las personas lo que quieren. ❞

UNA HISTORIA DE TERROR

CUALQUIER COLOR, SIEMPRE Y CUANDO SEA NEGRO

"Recientemente llevamos a una de nuestras hijas de cinco años de edad a un restaurante Frankie and Benny's, una famosa cadena italo-americana. Ella se disgustó porque el restaurante había suprimido el regalo que solía incluirse como parte del menú infantil, pero a pesar de ello, disfrutó de su comida, esperando con impaciencia que llegara el postre. Éste era un helado, que podía ir cubierto de esponjas dulces, caramelo o de algo más. Ella quería que llevara tanto esponjas dulces como caramelo, pero la camarera dijo: 'Lo siento, sólo puede elegir una de las dos cosas".

"Aparte de esta rara tacañería, pues seguramente podría haber servido una mitad de esponjas dulces y la otra de caramelo, lo más destacable es que el restaurante ya nos había decepcionado por el hecho de no dar el menú infantil completo, pero aún así, la camarera no fue capaz de darnos esta pequeña concesión en el menú para ofrecernos lo que queríamos".

DAR A LAS PERSONAS LO QUE QUIEREN

Parece una frase tan obvia que no la incluí en esta sección del capítulo durante mucho tiempo, pero a medida que recopilaba historias de terror de los clientes se hizo más y más evidente que un verdadero obstáculo para proporcionar bienestar es la falta de determinación para dar a las personas lo que quieren. A continuación, aparecen un par de ejemplos que lo explican.

Aquí existe un factor del componente de la confianza que veremos con detalle en el próximo capítulo. Parece probable que la cadena de restaurantes no confiase en su camarera para que variase el menú, algo esencial si se quiere que el cliente obtenga lo que desea.

En cada caso, la demanda del cliente era razonable. Simplemente pedían lo que querían y el representante de la compañía, en ambos casos, dijo que era imposible. En efecto, esto es decir que la política (o lo que el empleado entendía por política) es más importante que el cliente y que lo que éste desea. No tiene sentido. Al restaurante Frankie and Benny's no le habría costado nada haber sido un poco flexible en el menú, pero parece que no era posible, una

UNA HISTORIA DE TERROR

CUALQUIER COLOR, SIEMPRE Y CUANDO NO SEA ORANGE (NARANJA)

"Compré un bonito Toshiba Portege 3110CT (una computadora portátil) antes de Navidad y quise conectarlo a mi teléfono móvil, pero el problema era que los puertos se encontraban en la tarjeta de entrada/salida independiente y no quería llevarla siempre conmigo. Tenía un puerto de infrarrojos, pero necesitaba el teléfono móvil compatible, por ejemplo, un Motorola L7089. No habría problema, porque, de todas formas, mi Nokia ya tenía un año y medio.

"Hablé con Orange acerca de la reforma pero me contestaron que debía perder los 12 meses que restaban de mi contrato prepago *PlanAhead* (con lo que perdería un saldo de 80 libras esterlinas) y volvería al estándar *Talk30*, con un coste de unas 17,50 libras al mes (tenía el mismo plan por un precio de 6,66 libras con *PlanAhead*), además de 100 libras por el nuevo aparato (por suerte mi Nokia tenía más de 18 meses, pues de lo contrario tendría otra tasa por cambio de contrato)".

"De manera que en total esto me costaría 210 + 100 + 80 = ¡390 libras! ¿Por qué diablos no podían al menos mantener el crédito de 80 libras en el nuevo contrato? "No se puede, es la política de la compañía", me respondieron".

"Sin embargo, contesté: 'Si encuentro un teléfono Motorola en otro lugar simplemente puedo cambiar la tarjeta Sim (chip de identificación) de mi Nokia y continuar con el contrato actual sin que ustedes se enteren'. "Es correcto", me respondió, pero añadió que Orange no me vendería sólo el teléfono, ni siquiera a un precio rebajado, de modo que estaba obligado a buscar en otro lugar o pagar de más. También podía encontrar un contrato mensual más barato con otra compañía (Virgin Mobile vende el teléfono Motorola por 220 libras y la conexión cuesta sólo 12,50 libras, incluyendo 10 libras de llamadas gratuitas. No hay ninguna cuota mensual y sólo cobran las llamadas a medida que se realizan). Una vez más se trataba de cambiar los Sims para conservar el mismo número y la agenda de teléfonos, de modo que cuando finalizó mi contrato con Orange me deshice de ellos y me fui con el otro proveedor".

actitud que, en el caso de Orange, habría posibilitado el cambio de teléfono móvil, pues de otro modo perderían un cliente. Todos hemos conocido el caso de alguna tienda que no le vende un producto "porque sólo nos queda uno, que está en el escaparate, y no estamos autorizados para venderlo". Si sus

UNA HISTORIA CON FINAL FELIZ

FUERA MÚSICA

"La experiencia que realmente se ha grabado en mi mente ocurrió con la compañía de venta de equipos estéreo *on line* Crutchfield. Realicé un pedido de un reproductor de CD para automóvil y lo instalé en el coche de mi esposa. Por desgracia, rechazaba el CD continuamente. Esto ocurrió en domingo e intenté contactar con su servicio de asistencia técnica, que estaba operativo. Sin embargo, la persona que me atendió no podía ayudarme porque parecía que se trataba de un defecto del mismo reproductor de CD."

"Lo mejor fue que me enviaron otro reproductor sin tener que devolverles el que estaba defectuoso primero, por lo tanto, no tuve que esperar a que recibieran éste para enviarme el nuevo. Así, en un par de días recibí el nuevo, lo instalé y funcionó. Después envié el que estaba estropeado y, por supuesto, todos los gastos corrieron de su cuenta."

políticas y procedimientos interfieren en el modo de dar a sus clientes lo que quieren, es hora de que las reformen, o lo que sería preferible, tal y como ha hecho el fabricante estadounidense Nordstrom, que las descarten definitivamente. La única política de Nordstrom es: "Utilice su propio juicio en todas las situaciones. No habrá reglas adicionales". Es el último modelo.

A continuación aparece un sutil ejemplo en el que se da al cliente lo que desea.

> 66 Si sus políticas y procedimientos interfieren en el modo de dar a sus clientes lo que quieren, es hora de que las reformen, o lo que sería mejor, tal y como ha hecho el fabricante estadounidense Nordstrom, que las descarten definitivamente. 99

Lo que el cliente quería era un reproductor de CD tan pronto como fuera posible. La postura que adopta la mayoría de las compañías de venta por correo es la de asegurarse de que el cliente no miente (recuperando el producto original), enviando después el que lo sustituye. Esto provoca un retraso en el trámite, de modo que el cliente no obtiene lo que desea. La actitud de Crutchfield es un modo muy sutil, pero eficaz, de crear carisma, dando al cliente lo que quiere cuando todavía no lo ha hecho de forma explícita.

Compare éste con los problemas a los que se ha enfrentado Microsoft en relación con la compatibilidad de los archivos en el software del Office. Ya ha ocurrido en varias ocasiones, cuando Microsoft ha pasado a versiones más avanzadas, que el procesador de textos o la hoja de cálculo no han podido ser leídos por sistemas más antiguos. Según un empleado de Microsoft, cuando los clientes presentaban sus quejas, sus creadores se lavaban las manos. "Nadie nos había dicho que no cambiásemos el formato de archivo", protestaban. Sus clientes podrían haber respondido de igual forma "tampoco nadie dijo que hicieran los discos compatibles para una computadora, o que se asegurasen de que se puede leer el texto en la pantalla, pero pensamos que era algo obvio".

De hecho debería haber sido obvio para Microsoft que esto era lo que los clientes querían. Ninguna gran compañía puede cambiar de software de la noche a la mañana. De hecho, se requieren años, durante los cuales los formatos de los archivos pueden causar estragos en las comunicaciones internas. Es cierto que los clientes realmente no habían especificado su petición, pero Microsoft podría haber ganado muchos méritos si hubiese captado lo que los clientes querían, incluso aunque éstos no lo hubiesen mencionado.

Es un problema de deducción y cuestionamiento. Cuando un cliente pide algo, ¿está seguro de que sabe qué es lo que *realmente* quiere? Durante mucho tiempo, los aparatos eléctricos del Reino Unido se vendían sin enchufe, como si la industria dijera "usted nunca ha dicho que quería que llevara enchufe, de

66Seamos razonables.**99**

66Si no puede deducirlo, pregunte.**99**

modo que no lo hemos incluido". Pero seamos razonables. Si un cliente quiere un producto eléctrico, créame, lo quiere con enchufe. Si el cliente quiere una póliza de seguros, quiere que ésta pague cuando lo que cubre tenga lugar. (¿Resulta demasiado obvio? Pues lea la letra pequeña de la mayoría de las pólizas de seguros). Y si no puede deducirlo, pregunte.

UNA HISTORIA CON FINAL FELIZ
LA TIENDA DE PESCADO COVINGHAM

Avanzar un año luz no sólo compete a las mega-corporaciones. El establecimiento de comida rápida más cercano a la población en la que vivo es una tienda de pescado frito y patatas fritas. Se encuentra entre un pequeño grupo de tiendas en un área bastante deprimida. Sin embargo, es especial por la cercanía de las personas que trabajan en él. Veamos tres ejemplos de un mismo año:

- Tuve que esperar un rato porque el pescado no estaba listo, así que la dependienta extendió un pedazo de papel en el mostrador y echó sobre él una cantidad generosa de patatas fritas. "Aquí tiene", dijo, "para que las coma mientras espera".

- Fui a la tienda y me puse a elegir una comida cuando la camarera me preguntó: "¿Vino usted hace un par de semanas con su padre?" Yo asentí con la cabeza. "Le cobramos de más", dijo, "así que le descontaré dos libras de su factura".

- La camarera estaba sirviéndome el pescado cuando éste se rompió en dos. "Éste se ha roto", dijo, "le daré otro". Y así lo hizo, además de darme también el que se había partido.

Compare el último ejemplo con el supuesto buen servicio que usted recibe en un establecimiento de una típica cadena de comida rápida. Ciertamente, corregirán un pedido que hayan confundido, pero tirarán la hamburguesa malograda (o lo que sea). Resultaría mucho más agradable, sin ningún coste adicional, ofrecer la hamburguesa reconstruida, al igual que la nueva hamburguesa.

❝Cuanto más se habla sobre salirse de las normas para satisfacer al cliente, más nerviosos se ponen los contables.❞

A BUEN PRECIO

Cuanto más se habla sobre salirse de las normas para satisfacer al cliente, más nerviosos se ponen los contables porque suena caro, pero no tiene por qué ser así. Usted puede proporcionar bienestar a sus clientes y aún así hacerlo a un buen precio. Como hemos visto, es posible decir "no" cuando procede, pero no deberíamos suponer siempre que el cliente está equivocado. El personal que atiende al cliente debe tener la flexibilidad y la autoridad necesarias para perder algo de dinero con el fin de mejorar el servicio al cliente, siempre que esto se haga de una forma sensata y razonable.

Observe el ejemplo de la tienda de patatas fritas desde el punto de vista de un contable neurótico. Cada acción cuesta un dinero a la compañía. Estas personas eran unos temerarios. Sin embargo, desde un punto de vista más razonable, estas acciones merecían la pena. Las patatas fritas suponen un coste mínimo para la compañía y no significaban ninguna alteración en mi pedido. El incidente en el que me habían cobrado de más era simplemente algo legal, seguramente el contable no recomendaría que se incumplieran las leyes. En cuanto al pescado que se partió en dos, podría haber sido tirado a la basura. Cada acción resultaba barata, pero la combinación de todas fortalece un verdadero sentimiento de lealtad en el cliente. Me gustan las personas, me gusta el establecimiento y voy a seguir comprando allí.

Avanzar un año luz requerirá que el personal dedique más tiempo al servicio al cliente, pero, al fin y al cabo, ¿no están allí para esto? La gran lección de dar una sensación de bienestar es que el servicio al cliente no puede dejarse en manos de gerentes obsesionados por los números, pues se trata de personas, no de dinero.

> 66 Me gustan las personas, me gusta el establecimiento y voy a seguir comprando allí. 99

> 66 La gran lección de dar una sensación de bienestar es que el servicio al cliente no puede dejarse en manos de gerentes obsesionados por los números, pues se trata de personas, no de dinero. 99

2

SI SE HA ESTROPEADO, ARRÉGLELO

Independientemente de lo buenos que sean sus productos y servicios, en ocasiones algo va a ir mal. En tales circunstancias, el modo en que usted solucione los problemas puede ser más importante que el problema en sí. Un restablecimiento bien efectuado puede hacer que el cliente le aprecie aún más, por ello es una lástima que a menudo nos mostremos tan reticentes hacia este proceso esencial.

CUANDO TODO VA MAL

Los acólitos de la gestión de la calidad total (GCT) nos harían creer que el único objetivo empresarial que merece la pena es la ausencia total de defectos. Debo resaltar antes de seguir adelante, que no tengo nada en contra de la calidad, o del movimiento por la calidad, pues lograr un producto de calidad es algo esencial si se quiere tener una buena empresa. Sin embargo, quisiera sugerir que el objetivo de la GCT es peligroso y destructivo. El mensaje que transmite, probablemente no intencionadamente, es que debe evitarse el fracaso y que el modo de hacer bien las cosas es utilizar procedimientos y certificaciones, pero entonces, ¿qué se hace cuando las cosas van mal? En lugar de utilizar toda su creatividad para solucionarlo, asumen la existencia del problema y olvidan dicho fracaso tan pronto como sea posible, de modo que se pueda seguir adelante con la ausencia total de defectos.

> 66El objetivo de la GCT es peligroso y destructivo. El mensaje que transmite, probablemente no intencionadamente, es que debe evitarse el fracaso.99

El problema es que, cuando todo se tuerce, debe prestar a su cliente una atención especial, nunca menos, y alejarse del procedimiento en lugar de aferrarse firmemente a él. Hay tres formas en las que un cliente puede salir de un servicio deficiente. Una puede ser pensando: "Qué buena compañía. Cuando las cosas fueron mal, realmente hicieron todo lo posible por solucionármelas", o pensando: "¡Qué desastre! Nunca volveré a acudir a ellos"; o bien, y en el peor de los casos, diciendo: "Qué excusa más patética para disculparse. Ni siquiera pidieron perdón como debían. Esto me pone furioso".

EMPEORAR LAS COSAS

Puede decirse que un mal restablecimiento del servicio es peor que nada, pero todavía es aún peor restablecer un mal servicio con un mal restablecimiento. Sin embargo, esto parece ser lo habitual. A veces no es suficiente con no disculparnos, o con que nuestros modos espartanos para definir la compensación adecuada resulten en un detalle patético en lugar de en una respuesta razonable, sino que solucionamos el problema dando a entender que el cliente es quien tiene la culpa.

Recuerde el caso de la tintorería que vimos antes (*véase* la página 17), que abonaría una compensación si antes usted pagaba a un consultor independiente que confirmase que la tintorería había dañado sus prendas. ¿Qué quiere decir esto? Que los clientes son delincuentes que procuran estafar a la pobre tintorería, y esto será lo que prevalezca a menos que los clientes demuestren que son inocentes. Por otro lado, esta compañía se enorgullece de que sólo un pequeño porcentaje de sus clientes tiene problemas con ellos, de lo que se deduce que, para ahorrar un mínimo porcentaje de su efectivo, está dispuesta a tildar a los clientes con los que tiene un problema de delincuentes potenciales, y todo esto después de haberles estropeado sus prendas.

Los sentimientos del cliente son extremadamente importantes. Cada vez que sus clientes devuelven un producto diciendo que algo falla y usted insiste en comprobarlo antes de devolverles su dinero o darles un producto nuevo, les está llamando mentirosos (o, en el mejor de los casos, incompetentes) con insinuaciones. Es cierto que un pequeño porcentaje de los clientes que devuelven artículos sólo buscan

❝Puede decirse que un mal restablecimiento del servicio es peor que nada.❞

HISTORIA DE TERROR

EL DESASTRE DEL MÓDEM

"Yo llevo a cabo la mayor parte de mis negocios por medio del e-mail, de modo que supuso un verdadero problema que un relámpago estropeara mi módem. Quise arreglarlo para poder seguir trabajando, así que decidí ir a PC World, un hipermercado informático que se encuentra en la zona y que forma parte del grupo Dixon's Group. Compré un módem más barato para salir del paso, pero no pude conseguir que funcionara con el software que incluía, así que una hora después de haber hablado con el servicio de asistencia técnica del fabricante, me dijeron que se trataba de un fallo del hardware. Tomé el módem y volví directamente al servicio de atención al cliente del hipermercado y les conté lo que me había dicho el fabricante".

"Su respuesta no fue la que yo deseaba escuchar. Tenían que comprobar que no funcionaba, pero no era eso lo que yo quería, sino que quería que me devolvieran mi dinero. Aun así, el asistente me dijo que, sintiéndolo mucho, debía comprobarlo. Entonces se introdujo en un cuarto interior, que por suerte tenía grandes ventanas, de manera que yo podía ver lo que estaba haciendo. En su primer intento falló porque el equipo que estaba utilizando para probarlo ya estaba conectado a otro módem. Entonces empezó de nuevo. Habían transcurrido veinticinco minutos y todavía no había localizado el punto en que yo había tenido el problema. Durante este tiempo sólo salió de la habitación una vez para decirme que iba a tardar un poco y la mayor parte del tiempo que yo estuve esperando no hubo nadie más en el mostrador".

"Yo estaba enfadado, realmente enfadado, y me daban ganas de empezar a tocar la caja registradora para llamar la atención de alguna persona. Cuando el asistente salió de la habitación por segunda vez para decir que tenía problemas con el hardware y que ni siquiera había llegado al punto en el que a mí me había fallado, me puse hecho una fiera. Le dije que si me hacía esperar más les exigiría una compensación por el tiempo perdido, y que quería la devolución de mi dinero inmediatamente. Me la dieron".

"Los errores se sucedieron continuamente. No me escucharon cuando les dije que el fabricante había identificado un problema de hardware, y no confiaron en mí, pues tuvieron que comprobar mi queja. Además durante la comprobación no hicieron más que empeorar las cosas, y me dejaron solo y sin *feedback* en el mostrador durante un tiempo prolongado en el que me sentí muy incómodo. El hecho de que me devolvieran mi dinero es irrelevante: el daño ya estaba hecho".

reemplazarlos con otros completamente nuevos, y algunos de ellos son unos incompetentes, pero ¿merece la pena insultar a todos solamente para cazar a unos pocos?

Una vez más, es el sentido común y el razonamiento del asistente del servicio de atención al cliente lo que va a marcar la diferencia. Si un cliente vuelve continuamente con un producto porque no funciona, merece la pena decir algo del estilo de: "Algunas personas también han tenido problemas con esto; puede que sea algo engañoso. ¿Podría mostrarme cómo lo puso en marcha?". De ese modo, usted puede averiguar que estaba intentando encender el televisor con el botón de control de volumen sin necesidad de decirle que es un incompetente. No obstante, muchas devoluciones exigen una restitución inmediata, sin preguntas, con una sonrisa y una disculpa.

HACER LAS COSAS BIEN

Demos la vuelta al restablecimiento deficiente del servicio. ¿Qué es lo que pondrá al cliente de mal humor irremediablemente, sean cuales sean sus procedimientos? La ausencia total de disculpas. Con demasiada frecuencia nos mostramos reticentes a admitir nuestra culpa, una postura que no se ve ayudada por la cultura de los litigios, que busca castigar a quienes cometen un error en lugar de corregirlo, aunque con frecuencia estamos más preocupados por ser desprestigiados que por el litigio en sí. No nos gusta equivocarnos, de modo que no nos disculpamos.

Hace poco tiempo me sorprendió ver en un programa televisivo sobre los derechos de los consumidores (una programación esencial si le interesa conocer los puntos buenos y malos de la atención al cliente) a un representante de una organización automovilística eludiendo abiertamente la necesidad de pedir

"Una vez más, es el sentido común y el razonamiento del asistente del servicio de atención al cliente lo que va a marcar la diferencia."

"Muchas devoluciones exigen una restitución inmediata, sin preguntas, con una sonrisa y una disculpa."

"La cultura de los litigios busca castigar a quienes cometen un error en lugar de corregirlo."

disculpas. El tema que se trataba era la inspección de los automóviles, un servicio en el que se realiza una revisión de un vehículo antes de su compra para comprobar si existe algún fallo. De cuatro vehículos, cada uno de los cuales tenía dieciocho defectos importantes, su organización no consiguió identificar veinticinco problemas. Es más, el informe que se realizó no incluía ninguna indicación sobre la conveniencia de adquirir el vehículo en cuestión.

No hizo ni un intento por disculparse; en todo caso, su actitud fue agresiva y puso en duda las averiguaciones del experto del programa. El presentador propuso uno de los problemas: un volante flojo, algo que sin duda es peligroso. No, estaba algo holgado, pero la conducción era segura. Entonces el presentador señaló que las personas pagaban esas inspecciones para poder decidir si iban a comprar ese automóvil o no, pero no se les daba ninguna indicación. El representante de la organización automovilística no se sintió aludido. No era función de su compañía dar indicaciones, sino presentar los hechos a los consumidores, que eran quienes debían decidir.

Lo que estaba diciendo era que no dan a los clientes lo que quieren, que están en lo correcto y que no escucharán sus opiniones (y, por supuesto, que no van a disculparse). Inmediatamente pensé, como espectador, que nunca utilizaría sus servicios. El hecho es que no habían proporcionado lo que se les pedía y que habían cometido errores. Ser incapaz de admitir esto sólo empeoró las cosas. ¿Qué es lo que espera de un amigo cuando las cosas van mal? Una respuesta compasiva, y eso es también lo que un cliente quiere de una compañía, no arrogancia, ni una actitud defensiva, sino compasión y una disculpa sincera.

Algunas veces una disculpa por sí misma es suficiente. A pesar de la avariciosa cultura que los medios de comunicación nos presentan con tanto entusiasmo, no todo el mundo está al acecho de dinero en todas las circunstancias. Si un amigo le defrauda, usted espera una disculpa, que en muchas ocasiones es suficiente. Sería excesivo que su amigo le ofreciera pagarle una compensación o le hiciera un regalo para pedirle perdón. Cuanto más sientan los clientes que usted y sus empleados son sus amigos, menos probabilidad existe de que haga falta una compensación. Por ello, ¿cómo se crean los procedimientos por los cuales el personal de primera línea decide cuándo debe darse una compensación?

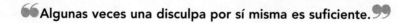

66Algunas veces una disculpa por sí misma es suficiente.99

UNA HISTORIA CON FINAL FELIZ

LA RECUPERACIÓN DE LA CESTA

Recientemente tuve la suerte de recibir una cesta de comida de un primo mío. Había acordado que la cesta sería entregada a lo largo del sábado previo a Navidad, pero transcurrió el día y la cesta no había llegado. A la semana siguiente contacté con la secretaria de mi primo, que a su vez habló con el director general de la compañía de la que originalmente provenía la cesta: Kevin Gould, de Real Foods. Kevin se mostró consternado por el hecho de que el mensajero no hubiese entregado la cesta y garantizó que volvería a enviarla".

"En Nochebuena recibimos la cesta, pero se encontraba en un estado lamentable. Algunos productos se habían roto, había mostaza esparcida sobre el chocolate y casi todo estaba impregnado de aceite de oliva o miel. Inmediatamente me puse en contacto con Kevin, que ordenó que me fuera enviada otra cesta a una hora a la que me fuera conveniente a mí, y no al mensajero. La nueva cesta era preciosa, incluía unos dátiles frescos deliciosos, estaba cuidadosamente empaquetada y con una nota que decía "Con cariño de Kevin".

"Era obvio que el daño se debía a un transporte inadecuado por parte de los mensajeros, pero la respuesta de Kevin fue impresionante. Sin duda contaré a todo el mundo la buena impresión que me causó Real Foods, y qué catástrofe causó el mensajero en la bonita cesta que debía llegar primero. Sin duda, Kevin se preocupa por su empresa, y su actitud asegurará que ésta llegará lejos".

No se crean. Asegúrese de que son lo suficientemente sensatos como para tomar una sabia decisión basándose en las circunstancias.

En la actualidad, con demasiada frecuencia la compensación se aplica utilizando un sistema rígido y con reticencias. Un ejemplo clásico es el de la actitud que adoptan las líneas aéreas ante una pérdida de equipaje. Debido a que existe

❝En la actualidad, con demasiada frecuencia la compensación se aplica utilizando un sistema rígido y con reticencias. Un ejemplo clásico es el de la actitud que adoptan las líneas aéreas ante una pérdida de equipaje.❞

un convenio internacional que limita la responsabilidad de las líneas aéreas cuando las maletas se extravían, muchas de ellas se escudan tras estas "reglas". No hay nada para evitar que traspasen el convenio, que existe sólo para protegerlas a ellas. Debido a esta actitud, con demasiada frecuencia el equipaje perdido es un problema que no se soluciona eficazmente. Puede haber trabas específicas que un cliente debe sortear para que le entreguen un *kit* de viaje (para lo que debe estar realizando un viaje internacional o un viaje de tres noches). Además, su compensación por equipaje perdido puede no tener en cuenta el contenido de sus maletas y la respuesta podría demorarse varios meses.

¿Cuál es el resultado? Un pasajero descontento. Si el personal de tierra pudiera ponerse en el lugar del pasajero, en un lugar desconocido, sin ropa y sin ni siquiera un cepillo de dientes, no tendría dudas para procurarse un *kit* de viaje. Si dicho tiempo de espera fuera directamente proporcional al modo en que las compañías aéreas esperan que sus clientes paguen, se solucionaría el problema en cuestión de días o semanas. Sobre todo, mediante niveles insultantes de compensación, se está perdiendo una oportunidad enorme. La cantidad que suele darse no representa ni siquiera el coste de la maleta, y menos aún de su contenido. Si se estableciera un nivel más representativo (siendo realistas, una cantidad con seis cifras para la mayoría de las maletas y sus contenidos), la diferencia sería palpable. Pero si se quiere rematar, las líneas aéreas deberían aprovechar sus activos más atractivos (asientos en vuelos), y que no suponen un gasto excesivo, y regalar un viaje gratuito a un destino vacacional. La oportunidad está ahí, pero se desperdicia todos los días.

Recuerde que el valor de la vida de un cliente para una compañía podría ser la cantidad de dinero que gasta con ellos en un año multiplicada por 10, 20 o incluso 30 y 40. ¿Resulta entonces descabellado, si las cosas han ido mal, pagar una proporción considerable del gasto anual de ese cliente para solucionar el problema? La clave del éxito es la confianza y la información.

> **❝¿Resulta entonces descabellado, si las cosas han ido mal, pagar una proporción considerable del gasto anual de ese cliente para solucionar el problema?❞**

UNA HISTORIA CON FINAL FELIZ

BOLLOS A MANSALVA

"Hace un par de años, estaba en el supermercado cuando vi una oferta en la que si compraba una tarrina de queso Philadelphia me regalaban una bolsa de bollos, de modo que decidí comprarla. Cuando llegué a casa, abrí la bolsa de los bollos. Decir que estaban quemados habría sido quedarse corto, de modo que escribí al fabricante para presentar mi queja".

"Una semana más tarde recibí una caja completamente llena de bolsas de bollos, seis bolsas con seis bollos en cada una y de toda la variedad de sus productos. Me quedé muy impresionado con todo esto porque, además, la bolsa de bollos original había sido gratuita. Como siempre nos apresuramos a protestar ante un servicio defectuoso de atención al cliente, pensé que sería justo dirigirme a ellos y alabar su buena atención hacia el cliente, de modo que escribí a la compañía para comunicarles la buena impresión que me habían causado y que eran un ejemplo para otras compañías".

"Sin embargo, esto fue un gran error, porque unos pocos días después recibí una caja aún más grande llena de bolsas de bollos. Nuestro frigorífico y el de un amigo están todavía llenos de bollos y, aunque estamos sumamente impresionados por su servicio al cliente, no nos atrevemos a escribir para volver a felicitarles".

De acuerdo, es posible que la compañía se excediera, pero esos bollos causaron un gran impacto. Compare esto con mi propia experiencia cuando abrí una lata de habas Heinz y encontré que no había habas en ella, sólo salsa de tomate. Escribí para exponer mi queja, con un tono un tanto irónico. Como respuesta, recibí un vale de comida para comprar una única lata de habas. Si quiere restablecer un servicio, no puede ser avaro. Un mínimo aceptable con bienes de poco valor como éste debería ser el doble del valor del cliente.

66Si quiere restablecer un servicio, no puede ser avaro.99

66Incluso si los gastos de envío son mayores, los bienes sustitutivos deben enviarse por correo.99

Además, los vales de comida no sustituyen al producto real. Un vale de comida significa que el cliente tiene que volver a la tienda y comprar otra (con un molesto trozo de papel que no debes olvidar y que te hace sentir como si fueras a solicitar comida a la beneficencia). Incluso si los gastos de envío son mayores, los bienes sustitutivos deben enviarse por correo.

CONFIAR EN LOS EMPLEADOS

La confianza empieza con el personal de primera línea. Durante años, Tom Peters y los demás gurús de las empresas han insistido incansablemente en la importancia de conceder al personal de primera línea la capacidad de hacer las cosas por sí mismos, pero salvo notables excepciones, esto no se consigue. ¿Por qué? Porque no confiamos en ellos lo suficiente como para... para confiar en ellos. Increíble, pero cierto. Lo que sucede es que contratamos tanto a personas que nos quieren estafar como a incompetentes, pero existe la posibilidad de que debamos despedir al personal de contratación. Puede haber algunas personas que no respetan el sistema, puede haber algunos incompetentes, pero la mayoría de ustedes habrán contratado a buenas personas dispuestas a realizar un buen trabajo, así que ¿por qué evitan a toda costa que lo hagan?

Todos los indicios muestran que cambiar a una situación de confianza no termina en una anarquía o en una reducción repentina de los beneficios, sino todo lo contrario. Veamos el ejemplo de Nordstrom y su única regla: "Utilice su propio juicio en todas las situaciones", o el ejemplo de Semco, donde todo parecía mostrarse en contra de la confianza. Ésta era una compañía de obreros sindicalizada de Brasil, un país que cuenta con un alto índice de inflación, en la que había un conflicto tradicional entre jefes y trabajadores. Sin embargo, ahora es tal la confianza que hay en Semco que muchos trabajadores son quienes establecen sus propios salarios y el personal decide cuánto se les va a pagar en

❝Existe la posibilidad de que debamos despedir al personal de contratación.❞

❝Existe un criticismo tácito del personal de primera línea en el entorno normal de procedimiento.❞

UNA HISTORIA CON FINAL FELIZ

PRÁCTICAMENTE SIN MANGAS

"L.L. Bean, la legendaria compañía de compra por catálogo de Freeport, Maine, es famosa por su servicio de atención al cliente sin preguntas, pero yo les quise poner a prueba".

"Recientemente adquirí una cazadora a la que se le podían quitar las mangas, de modo que podía utilizarse como chaleco en días cálidos. Poco después, quité las mangas y las perdí. No se trataba de un defecto de diseño, y yo estaba utilizando la cazadora del modo adecuado, pero escribí a Bean indicando que las mangas se habían caído del bolsillo especial que hay en la espalda de la cazadora diseñado para guardarlas. Con el tiempo, observé que se había añadido un cierre con velcro para evitar que las mangas se cayeran, como les ocurrió a las mías. Corriendo con todos los gastos, y aunque yo no había pedido que se me restituyera, me enviaron una cazadora nueva, e incluso pagaron los gastos de envío para que les devolviera la primera cazadora".

concepto de dietas por viajes de empresa. Con confianza se han logrado cosas asombrosas. Además, si un individuo estropea una situación cometiendo un abuso, sus compañeros se encargan de resolverla, pues sienten que también se está abusando de su propia confianza. (*Véase* la página 213 para más detalles acerca del libro de Ricardo Semler sobre Semco, *Maverick*!).

Existe un criticismo tácito hacia el personal de primera línea en el entorno normal de procedimiento. "No confiamos en que lo vaya a hacer bien. Nosotros sabemos lo que hay que hacer, pero usted no, de modo que debe seguir estas reglas". En el mejor de los casos, esto llega a un autómata, incapaz de lograr un restablecimiento satisfactorio del servicio. Pero en el peor de los casos, crea una sensación de: "Si esto es lo que piensan de mí, voy a sacarles todo lo que pueda".

Si el personal de primera línea tiene la capacidad y la autoridad necesarias para hacer las cosas, no hay razón para suponer que van a malgastar el dinero de la compañía. Todo lo que ganan proviene de su reparto de beneficios. (¿Qué quiere decir, que no tienen reparto de beneficios?) Un gasto excesivo podría poner en riesgo su puesto de trabajo, pero hacer las cosas bien puede causar un efecto completamente opuesto. Si el representante de primera línea de la compañía, que es la cara humana de ésta, puede pedirme un taxi para que me lleve a algún lugar, pues ellos han sido la causa de mi retraso, o si puede cambiarme un producto defectuoso por otro nuevo sin formularme ninguna pregunta, o si puede regalarme un ramo de flores y disculparse sin tener que pedir permiso a la cadena de mando, sé que me valora, así que me gusta esa persona y me gusta su compañía.

CONFIAR EN EL CLIENTE

Existe otro elemento de confianza implícito en el producto sustituido o en la compensación por una limpieza defectuosa: la confianza en el cliente. Si insisto demasiado en este punto es porque es muy importante. Cuanto más confíe en el cliente, más digno será de esa confianza, al igual que cuanto más repita al cliente "Usted es un delincuente", más le demostrará que lo es. Esto se refiere especialmente al momento en el que un cliente expone una queja.

¿Cuál es el mensaje de Ford? Que están en lo correcto y que usted se equivoca. Las piezas defectuosas le cuestan al cliente 1/400 del coste total del vehículo, pero Ford se mostró orgulloso de haber arriesgado a un futuro cliente por evitar pagar el coste irrisorio de una visera. No tiene sentido.

La confianza realmente funciona. En el momento en que escribía este libro, se producía una disputa entre algunos supermercados del Reino Unido. Las dos mayores cadenas, Tesco y Sainsbury, mantenían un enfrentamiento mano a mano por los costes. El siguiente en importancia, Asda, fue adquirido por Wal-Mart y comenzó a expandirse enérgicamente. Sin embargo, en su concentración en los costes habían ignorado (hasta el momento) un servicio de atención al cliente de una cadena más pequeña, Safeway. ¿Por qué? Porque incluía confianza. En muchas tiendas, los clientes de Safeway pueden pasar sus productos por un escáner que tienen en el carro de la compra mientras recorren el establecimiento. Este sistema "Shop and Go" significa que, la mayor parte del

❝Cuanto más confíe en el cliente, más digno será de esa confianza.❞

❝La confianza realmente funciona.❞

UNA HISTORIA DE TERROR

FORD, VADO PERMANENTE

Vean un ejemplo de cómo Ford cometió una terrible equivocación.

"Siempre he comprado automóviles de la marca Ford, al igual que mi padre. Hace dos años gasté más dinero del que nunca había gastado para comprarme un coche: un Ford MPV, con siete asientos, una flexibilidad asombrosa y con una conducción muy confortable. Me encantaba. Sin embargo, un año después ambas solapas de los espejos situados en las viseras se cayeron. Los repusieron y Ford corrió con parte de los gastos, pero no había transcurrido otro año cuando las nuevas solapas se habían vuelto a romper. El mecánico me dijo que se trataba de un fallo en el diseño, y que ahora se fabricaban de forma diferente, pero como el coche ya tenía dos años de antigüedad, no lo pagaban, así que escribí a Ford para exponer mi queja".

"Tres meses más tarde recibí una contestación de Ford pidiéndome más información. Yo se la di, sin dejar de advertirles su retraso. Pronto recibí otra carta pidiendo disculpas por el retraso de la primera carta, cosa que me agradó, pero eso no fue todo. 'Siempre intentamos procurar asistencia financiera fuera de la garantía de Ford, sin embargo, esperamos que comprenda que tenemos que tener en cuenta la antigüedad del automóvil y la naturaleza de la reparación. Inevitablemente, muchas piezas sufren un desgaste y un deterioro durante la vida del vehículo y llega un punto en el que ya no podemos ofrecer más ayuda. Sentimos no poder proporcionarle asistencia en esta ocasión' ".

"Lo que no advirtieron fue tanto el informe del mecánico en el que se indicaba un fallo en el diseño, como que no estábamos hablando de piezas originales. Éstas tenían menos de un año de antigüedad. Y en lo que respecta al desgaste natural, yo nunca utilizo el espejo del lado del conductor. Esa solapa probablemente habría sido levantada dos veces antes de que se cayera. ¿Servicio de atención al cliente? No me haga reír".

tiempo, en lugar de esperar una cola, pueden presentar el escáner y pagar. De vez en cuando se realiza un control al azar, pero se ha consultado a los clientes y no lo consideran algo negativo; de hecho, existe la misma probabilidad de averiguar que están pagando más de lo que deben, que de ver que pagan de menos. Los grandes supermercados se enfrentan entre ellos por los costes, que son el arma del perdedor, pero si alguno se decidiera por un servicio de atención

UNA HISTORIA CON FINAL FELIZ

UN ÉXITO MAGNÉTICO

"Todo el mundo espera tener problemas cuando compra una cocina, y todos tenemos una historia que contar sobre nuestra experiencia con pedidos equivocados, partes que se desmoronan, etcétera, y yo no he sido una excepción. Como suele ser lo habitual, las cosas fueron mal. Estaba reconstruyendo una casa entera y los constructores aparecieron un mes después de lo acordado; ningún problema. Magnet, que me había vendido la cocina, la guardó y me dijo que no me preocupase por ella, y que me la entregarían cuando yo lo requiriese".

"Llegó el día de la entrega, pero algunos muebles estaban equivocados, la encimera no era la correcta y otros detalles más, pero lo que hace a Magnet tan bueno es que rápidamente respondieron (corrigiendo sus errores en un plazo de 24 horas) y repitieron todo el proceso de una forma menos estresante de lo habitual. Yo sé que el pedido debería haber llegado sin problemas desde el principio, pero normalmente es más fácil impresionar a un cliente cuando se rectifica rápida y gustosamente un error que si todo hubiese ido bien desde el comienzo".

al cliente tan bueno como éste (porque, seamos realistas, la peor parte de las compras es tener que hacer la cola en la caja), las cosas serían muy diferentes.

Este asunto de la confianza en el cliente es correcto, pero falla cuando entra en juego la seguridad. La mayor parte de los puntos de venta sienten que deben tomar precauciones de seguridad para frustrar los planes de los ladrones. A menudo, éstos suponen gastos elevados en mano de obra o en equipamiento, por lo que debe ser evidente que, de otro modo, los robos constituirían un serio problema. El inconveniente es que muchas medidas antirrobo tachan a todas las personas de delincuentes. Un enfoque mucho más creativo podría ser encontrar medidas que sólo impactasen al delincuente (o le disuadiera de cometer el delito), algo que puede verse en las ventanillas de algunos bancos.

Compare las ventanillas de una estación de ferrocarril y las de estos bancos. Al menos en el Reino Unido, las líneas de ferrocarril sitúan a sus dependientes

> 66 Este asunto de la confianza en el cliente es correcto, pero falla cuando entra en juego la seguridad. 99

tras una pantalla de cristal que tiene una rejilla a través de la cual se habla. Cualquier pago debe hacerse bien por debajo de esta rejilla, o bien mediante un torno. En los bancos más modernos, como Halifax, a pesar de correr un riesgo de robo mayor que el de una estación, las cosas son muy diferentes. No hay pantalla de cristal ni rejilla. El cliente se encuentra cara a cara con el cajero, que puede mantener una verdadera conversación con él, en vez de las incómodas transacciones en las estaciones de ferrocarril. Sin embargo, esto no significa que el banco no haya pensado en la seguridad. Al contrario de lo que ocurre con las compañías de ferrocarril, el banco supone que la mayor parte de los clientes no son delincuentes, de modo que puede interactuar con normalidad. Sin embargo, las mamparas de alta velocidad evitan que el delincuente pueda acceder al cajero. La norma es la confianza, pero el refuerzo puede utilizarse con aquellos que no la merecen, y así es como debería ser.

SABER TODO

Está bien decir que debemos dar al personal de primera línea más libertad y confianza para realizar el trabajo, pero darles sólo más libertad es perder una herramienta esencial para el trabajo, porque ésta debe ir acompañada de información. Observe el ejemplo de Ricardo Semler, de Semco. En efecto, el personal puede establecer su propio salario, pero cuentan con la información que necesitan para determinar una cifra sensata, y además todos los demás saben el salario que gana esa persona. Es cierto que pueden reclamar las dietas que consideran adecuadas para un viaje de negocios, pero se basan en costes reales, no en cifras de un manual, y una vez más, cualquier persona de la compañía puede conocer lo que gastan.

Si el personal del servicio de atención al cliente va a tener libertad para actuar como crea conveniente, necesita información que le ayude con su juicio, y probablemente también saber que cualquier empleado de la compañía puede tener

❝Está bien decir que debemos dar al personal de primera línea más libertad y confianza para realizar el trabajo, pero darles sólo más libertad es perder una herramienta esencial para el trabajo.❞

conocimiento de lo que ha hecho. Nos adentraremos más en la información sobre el cliente en un próximo capítulo ("Me conocen"), pero antes pensemos por un momento en la clienta de la línea aérea que perdió sus maletas.

Aunque el empleado del servicio de atención al cliente puede efectuar una estimación aproximada de lo que la pasajera significa para la compañía, ésta no deja de ser una estimación. Podría ser una millonaria, usuaria regular, a quien le gusta vestir de modo informal, o bien podría ser una persona obviamente rica que no tiene intención de volar con su línea aérea otra vez, bien porque odie volar o porque tiene su propio *jet* privado. También podría ser alguien que viaja todos los días de su casa a su trabajo y que recorre miles de kilómetros a la semana. Sin embargo, esto son sólo muchas de las cosas que el empleado puede deducir, pero sin duda mejoraría mucho las cosas si se puede dar más información a este empleado para que sepa si se trata de un pasajero regular o de alguien que gasta mucho dinero. Probablemente incluso se puede tener una estimación del valor de su vida. Sin duda se presenta aquí el factor de las conjeturas, pero cuanta más información relevante pueda ofrecer, sin que ésta contenga datos innecesarios, más probabilidad habrá de que el empleado realice una sabia decisión.

UNA HISTORIA CON FINAL FELIZ
SIN QUEJA

"Nosotros compramos vino por correo a Bordeaux Direct. Durante el verano, nuestro pedido de dos cajas llegó por partida doble, así que fui inmodestamente honesto y les telefoneé. Localizaron el error, se disculparon y me dijeron que enviarían una furgoneta para llevarse la caja, aunque nosotros queríamos comprarles esa caja con un descuento del 30%. Probablemente era más barato para ellos que enviar la furgoneta, pero el modo en que se hizo me dejó muy buena impresión de ellos".

> **Cuanta más información relevante pueda ofrecer, sin que ésta contenga datos innecesarios, más probabilidad habrá de que el empleado realice una sabia decisión.**

EL ERROR POSITIVO

En muchas ocasiones el problema se produce a favor del cliente, pues se les envía más dinero de lo estipulado, se les entregan más productos o se les cobra de menos por los servicios. Si el cliente advierte el error y es lo suficientemente honesto como para comunicárselo a usted, se le estará presentando en bandeja la oportunidad de demostrar su carisma, y no debería perderla.

La compañía de venta de vino por correo convenció al cliente con un pequeño gesto. Yo me habría inclinado por decir: "Quédese con una botella de cada caja como agradecimiento y puede comprar el resto con un descuento del 30 por ciento si lo desea". Si un cliente ha sido así de honesto, cuanto más lo cuide, mejor. Hay algo particularmente satisfactorio en ser honesto cuando después se recibe agradecimiento, y es función de su compañía asegurarse de que este agradecimiento es significativo.

Recoger los productos sin decir nada es un desastre y convierte en hielo cualquier sentimiento cálido que el cliente pudiera tener sobre usted. Al menos, deberían recibir una carta de agradecimiento por su parte, pero alguna forma de recompensa es mucho más apropiado. Después de todo, el cliente le ha ahorrado dinero, de modo que puede permitirse el lujo de darles un porcentaje. De ese modo, todos estarán contentos, los clientes se regocijarán por haber sido tan honestos y apreciarán a su compañía por su generosidad. Sugerí regalar un par de botellas de vino en este ejemplo porque el descuento, aunque generoso, requiere un desembolso por parte del cliente, y un regalo es algo incondicional.

NO ES CULPA NUESTRA

Es bastante difícil advertir la necesidad de rectificar las cosas cuando se ha cometido un error, pero ¿qué ocurre cuando hay que enmendar el error de otra persona, aunque ésta sea un competidor? Una reacción natural sería la de reírse de esta postura, pero es una situación en la que se puede tomar la delantera a la competencia.

❝Si un cliente ha sido así de honesto, cuanto más lo cuide, mejor.❞

❝Un regalo es algo incondicional.❞

UNA HISTORIA CON FINAL FELIZ

CADA VEZ QUE USTED DICE ADIÓS, YO DIGO HOLA

"Decidí cambiar de proveedor de telefonía móvil no porque algo fuera mal con Hutchison Telecom, que me proporcionó mi teléfono, sino porque quería un teléfono específico que no estaba disponible en su red, así que acudí a una compañía más pequeña".

"La nueva compañía era terrible. Casi parecía que no querían tratar conmigo. Tras un par de semanas intentándolo, todavía no había conseguido cambiar al nuevo sistema. Expliqué lo que ocurría a Jan, la persona de contacto de Hutchison que realizaba el cambio. Se hizo cargo de todo, solucionando el problema con el otro operador y asegurándose de que todo se realizaba correctamente. Me quedé muy impresionado".

"Un año más tarde, cuando mi contrato con la nueva compañía expiró, volví a contratar con Hutchison al menos quince teléfonos. Y todo gracias a Jan".

Cuando las cosas van mal y la competencia no las soluciona, considere suya la tarea de resolverlas. No se muestre reticente, sea muy, muy transparente, y no pasará inadvertido ante los ojos de sus clientes (porque pronto serán sus clientes).

UNA SOLUCIÓN PREVENTIVA

Hagamos una consideración final sobre el hecho de poner solución a las cosas. Con demasiada frecuencia esperamos que sea el cliente quien exponga una queja para poner en marcha un restablecimiento del servicio, pero sería mucho mejor si pudiera llevar a cabo un ataque preventivo. Solucione las cosas *antes* de recibir una queja.

Simplemente imagínese a sí mismo en la siguiente situación. Su tren se ha retrasado (una vez más), ha llegado muy tarde. Usted vuelve a su casa y comienza a quejarse de la compañía ferroviaria, pero dos días más tarde, encuentra en su

❝Cuando las cosas van mal y la competencia no las soluciona, considere suya la tarea de resolverlas.❞

❝Solucione las cosas *antes* de recibir una queja.❞

buzón una caja de bombones y una carta de la compañía ferroviaria disculpándose. Sería asombroso. Otro caso podría ser que un mes su banco no le pagara los intereses de su cuenta. Usted no se ha dado cuenta del error, ya que revisa el estado de sus cuentas cada tres meses, pero al mes siguiente recibe una carta del banco disculpándose y comunicándole que no sólo le han pagado los intereses de ambos meses, sino que han doblado dicha cantidad. Esto es atención al cliente.

Es demasiado fácil proponer una lista de excusas explicando por qué no puede actuar de esta manera preventiva: porque sería demasiado caro, porque destapa errores que algunos clientes no han advertido o que sería demasiado difícil contactar con ellos, pero eso no quiere decir que no merezca la pena intentarlo. Por ejemplo, la compañía ferroviaria podría no conocer a todas las personas que se encontraban en un tren en particular, pero sí saben quiénes habían efectuado una reserva en dicho tren. El banco no tiene obstáculos técnicos, sólo uno filosófico, pero recuerde lo que ocurre. Podría parecer que usted está solucionando lo que todavía no se ha estropeado, pero en realidad hay muchos clientes molestos ahí fuera; no lo suficientemente molestos como para escribirle y contárselo pero sí como para irse con la competencia. Tenga en cuenta a esta mayoría silenciosa, porque la mayor parte de ella protesta utilizando sus pies.

UNA HISTORIA CON FINAL FELIZ

LOS PROBLEMAS DE ORANGE EXPRIMIDOS

Para finalizar este capítulo, veamos un ejemplo final de restablecimiento del servicio. En la página 40, una clienta de la red de telefonía Orange describió su frustración ante las tasas a las que debería hacer frente para cambiar su teléfono por uno compatible con su nueva computadora. Después de ponerme en contacto con Orange para escuchar su versión de la historia, acudieron al cliente y no sólo hicieron lo que ella quería, sino que le regalaron el teléfono, y todo gratis. Orange, por lo general, tiene un buen índice de servicio de atención al cliente, y este excelente restablecimiento (si bien bajo la presión de los medios de comunicación) se acerca más a su estilo.

66 Tenga en cuenta a esta mayoría silenciosa,
porque la mayor parte de ella protesta utilizando sus pies. 99

3 ESTOY ENAMORADO DE MI COCHE

Algunas veces el carisma viene generado por el producto, que puede ser un activo fabuloso que muchas grandes compañías derrochan sin piedad. Es frecuente en el caso de los vehículos (aunque no es el único), en la historia de amor que tenemos con los coches carismáticos y las motos grandes.

ALGO ESPECIAL

De un modo casi místico, un producto o una marca puede tener una calidad que los clientes adoren. Dichos productos tienen un seguimiento casi fanático. Un componente para convencer al cliente es dotar a los productos o a las marcas de una atracción magnética. Muchos de estos productos han alcanzado este estátus inintencionadamente en el pasado, pero ahora existe una imagen bien clara de los elementos que hacen que un producto clásico pueda dirigirse en esa dirección, aunque no se puede garantizar el resultado. Algunos intentos por producir un clásico han desembocado en completos fracasos, pero sin duda se puede influir en las posibilidades de poder hacerlo, y no dude de que si un producto logra un estatus clásico, lo valorará como un tesoro.

No obstante, hay que tener cuidado. Poseer un producto codiciado sin duda asegura una base de clientes fieles, pero cuesta un precio, pues esos clientes

> 66Algunos intentos por producir un clásico han desembocado en completos fracasos, pero sin duda se puede influir en las posibilidades de poder hacerlo.99

sentirán que el producto es suyo y pueden volverse en contra de usted si intenta llevar a cabo alguna acción que pueda ir en detrimento de dicho producto o de su supervivencia. Obviamente, esto ocurrirá si usted deja de fabricar el producto, pero incluso cambios menores en esta dirección pueden dar como resultado una recepción llena de incidentes. Por ejemplo, cuando Apple, cuya computadora Macintosh pertenece definitivamente a esta categoría, anunció una agrupación temporal con Microsoft, que era considerado por muchos fans de Apple como el peor enemigo, los representantes de Apple fueron abucheados.

NO ADORO MI...

Puede ser igualmente instructivo observar los productos que han tenido éxito. ¿Qué tiene un artículo o una marca particular del que se asegura que no va a gustar a nadie? Suponemos que los diseñadores no se propusieron crear un producto que fuera a ser odiado, o al menos por el que se sintiera indiferencia, pero a menudo es el resultado. Toda una clase de productos, básicamente los artículos "yo-también", está incluida en esta categoría, al igual que la mayor parte de los artículos domésticos y productos de uso diario, pero ¿tiene que ser así?

A la vez que examinamos las categorías de productos populares, dedicamos unos instantes a pensar en objetos cotidianos y en si existe manera de conferir a algo ordinario las características especiales de un producto que guste para hacerlo especial. Piense también en sus propios productos. ¿Qué se necesitaría para darles algo extra en esta dimensión en particular? Comenzaremos con lo que probablemente es lo más extraño de todo: la originalidad. Algunas veces, aunque sea extraño, parece que un defecto de un producto pudiera hacerlo atractivo.

❝Poseer un producto codiciado sin duda asegura una base de clientes fieles, pero cuesta un precio.❞

❝Algunas veces, aunque sea extraño, parece que un defecto de un producto pudiera hacerlo atractivo.❞

EL ÉXITO DE LA ORIGINALIDAD

La originalidad es una característica extraña. Un producto original puede ser algo difícil de utilizar, puede ser feo o puede ir en contra de toda regla de diseño, pero por otro lado hay algo atractivo en esta naturaleza contradictoria. La originalidad puede observarse mejor con un ejemplo. Todos los ejemplos que vamos a analizar pueden tener otras características que resulten agradables, pero también son originales.

En la carretera, hay ciertos automóviles que han protagonizado historias de amor, como el "descapotable" 2CV de Citroën, los minúsculos coches de Fiat o el Mini británico. Todos ellos tienen más carácter que las carrocerías aerodinámicas "yo-también" que la mayoría de nosotros conducimos. Estos originales vehículos rara vez tienen un buen rendimiento; de hecho, suelen ser verdaderamente lentos, pero su reparación es tan sencilla que puede hacerla uno mismo (el 2CV fue diseñado para que pudiera ser reparado hasta por un herrero). Son inconfundibles y son divertidos. A menudo no funcionan del mismo modo que los demás coches. Los 2CV tenían ventanas que se abrían hacia fuera como abanicos, una palanca de cambios que era un extraño pomo que se perdía en el salpicadero y asientos que podían sacarse del coche para utilizarlos como sillas de camping.

> ### 2CVS
>
> "Me encanta la simplicidad de un 2CV, la facilidad de poder hacerle cosas. Tiene un diseño atemporal. Pueden conseguirse piezas en cualquier parte y probablemente comparto alguna afinidad con las personas que deciden tener uno".

Cuando usted conduce un coche original y ve otro en la carretera, usted le saluda y le da las luces largas. Forma parte de un club del que no hace falta ser miembro y que carece de organización; la simple posesión del coche le hace especial a usted también. Un miembro de nuestra familia tuvo un 2CV y durante una época una de las ventanas estuvo atada con un trozo de cuerda para que no se abriese. De algún modo esto parece tipificar todo lo maravilloso que había en este coche. Esta originalidad parece acercarse a la mayor parte de los vehículos de más de treinta años de antigüedad. El simple hecho de poseer y conservar un coche o un camión que preceda la época del aire acondicionado y del estéreo (por no mencionar la calefacción, los limpiaparabrisas y los velocímetros en algunos casos), da al vehículo esa ventaja.

En el Reino Unido los automóviles que han logrado esta categoría de original incluyen el original Beetle de Volkswagen, el 2CV de Citroën, el Morris 1000, el Mini y la línea única de coches deportivos atemporales de Morgan. A primera vista no tienen mucho en común, salvo que son principalmente baratos (a excepción de los Morgan) y que son extranjeros, excepto los que no lo son. Sin embargo, son diferentes del resto, todos son originales y divertidos; todos tienen carisma.

UNA HISTORIA DE TERROR

EL ERROR DE RENAULT

El innovador y pequeño Twingo de Renault ha demostrado ser muy popular en Francia y en otros lugares, pero Renault no ha fabricado una versión que se conduzca en el lado derecho, por lo que nunca ha llegado al Reino Unido. Éste es el caso real de una compañía que está tirando piedras sobre su propio tejado. El Twingo tiene todo para ser un coche del que uno pueda enamorarse, pero Renault alega que es un fallo técnico el que les impide llevarlo a países donde la conducción se realice por el lado derecho. Este fallo técnico debería haber sido resuelto, pues podría haber cambiado la imagen de Renault.

Sin embargo, esto no sólo ocurre con los automóviles. Como ya hemos visto, el Mac de Apple supuso una revolución en la originalidad de las computadoras personales. Desde que en 1984 la publicidad del Mac apareciera en la pantalla durante la Super Bowl, ha sido obvio que había algo diferente en estas máquinas. El mensaje del anuncio era que Mac era la computadora para el resto de nosotros, aplastando así al Gran Hermano gris (por implicación) de IBM.

Todo lo que se decía sobre el Mac original indicaba originalidad. Sus orígenes en un lejano edificio donde ondeaba una bandera con una calavera y dos huesos cruzados hicieron esto inevitable. Todos los rasgos que ahora vemos con natura-

66El Mac de Apple supuso una revolución en la originalidad de las computadoras personales.99

lidad (el despliegue de gráficos, el ratón, los iconos y las ventanas) lo convir-
tieron en algo muy diferente. La extraña unidad vertical con la pantalla
integrada, la caja sellada a la que no se podía acceder para ver las firmas de los
diseñadores impresos en el plástico, incluso la costumbre de la marca de
bloquearse con un símbolo de una bomba que aparece en la pantalla; los Mac
no eran simple herramientas, sino que eran objetos dignos de adoración.

Todo tipo de producto produce la misma sensación. Muchos son genéricos,
pero es su forma o cómo funcionan lo que les convierte en originales: los sinte-
tizadores analógicos, los molinillos de café manuales, los nudos de corbata
hechos a mano. Las calculadoras que utilizan operaciones expresadas de forma
inversa o las reglas de cálculo. Yo tengo una regla de cálculo que perteneció a
mi padre, un instrumento maravilloso con una brillante caja de cromo y unos
mandos que giran con suavidad para poder rotar las escalas que equivaldría a una
regla de 180 cm. si fuera lineal. Es patética si se compara con una calculadora,
pero me encanta. La originalidad cuenta.

UN DISEÑO CLÁSICO

Algunos productos trascienden su naturaleza y su función. Pueden ser tan
mundanos como una plancha, tan corrientes como una silla, pero hay algo en
ese producto que le hace destacar por encima de los demás y que hace que
guste. Este diseño clásico es, a menudo, la simplicidad. Las sillas clásicas
pueden tener las curvas sencillas y sinuosas de una maravilla italiana, o las líneas
espartanas de los muebles Shaker o los diseños de Charles Rennie Mackintosh.
Pueden no ser las sillas más cómodas o las más flexibles, pero su simplicidad y
naturalidad son impresionantes.

❝La originalidad cuenta.❞

❝Algunos productos trascienden su naturaleza y su función.❞

**❝Mientras recorro mi casa, me sorprendo una y otra vez con
el impacto que me causan algunos artículos clásicos. Hay algo
especial en utilizarlos continuamente.❞**

Mientras recorro mi casa, me sorprendo una y otra vez con el impacto que me causan algunos artículos clásicos. Hay algo especial en el hecho de utilizarlos continuamente; una linterna Maglite, prácticamente cualquier cosa del genio sueco Ikea, los tapones de botellas de cerveza con rosca franceses o incluso algo tan cotidiano como un clip cuando está bien diseñado.

Hay dos artículos del hogar que me gustan especialmente. Uno es el teléfono Onis de Philips, uno de esos teléfonos digitales inalámbricos que se adaptan perfectamente a la mano, que se asientan equilibradamente, que funcionan de un modo asombroso y que se colocan sobre su base con suavidad. Incluso un elemento de diseño como los orificios del auricular le dan un aspecto interesante. El otro artículo es el frigorífico-congelador de estilo americano Bosch. La mayoría de los frigoríficos en el Reino Unido son pequeños e incómodos, pero este enorme frigorífico-congelador con dos puertas, cubitera y cómodos cajones hace divertida la aparentemente aburrida tarea de guardar la comida.

Volviendo a la carretera, el ejemplo definitivo del diseño clásico es el de los coches Morgan, del Reino Unido. Los modelos actuales de esta pequeña compañía fueron lanzados en el año 2000 y en los años sesenta, pero ambos mantienen el espíritu del diseño de los años treinta y cada automóvil todavía se fabrica a mano y con madera. Los clientes lo adoran, como atestigua la cola de varios años que hay que esperar para poder comprar uno. Es interesante que cuando el industrial Sir John Harvey Jones vio los Morgan en un programa de televisión llamado "The Troubleshooter" se asombrara por los anticuados y poco efectivos modos en que los coches se fabricaban y sugirió cambios radicales (algunos de los cuales han sido introducidos gradualmente), pero no realizó ninguna sugerencia sobre el producto en sí.

Una compañía que parece haber infravalorado el poder de un diseño clásico es Coca-Cola. No sólo lo hizo con su receta en la famosa derrota cuando la Nueva Coca-Cola fue rechazada a favor del sabor clásico, sino que ha desechado su propio diseño simbólico una obra maestra: la botella de Coca-Cola tradi-

66Una compañía que parece haber infravalorado el poder de un diseño clásico es Coca-Cola.99

cional. Con una de las dos botellas de refresco más características del mundo, es una locura que Coca-Cola, que suele ser un maestro en la manipulación del marketing, no haya vuelto a la vieja curvilínea botella de una forma avasalladora. ¿Cuál es la otra botella característica? La francesa Orangina, que por suerte todavía se encuentra en los supermercados franceses, a pesar de la amenaza de las botellas de plástico y las latas. Y así debe seguir siendo.

A menudo estamos tan obsesionados con realizar un diseño para innovar que perdemos el poder de lo clásico. Cada regla del libro dice que Morgan posiblemente no podría seguir vendiendo automóviles con un diseño de los años treinta, pero la realidad es completamente diferente. La única pega es que se debe contar con un gran diseño, y no con la efusividad habitual de los diseñadores que no comprenden a las personas, y que solamente quieren sacar a relucir su propia inteligencia. El diseño clásico normalmente es sencillo y alegre, y provoca una resonancia natural que toda la agudeza de un coche de moda nunca puede igualar. Intente seguir el ritmo de los demás por todos los medios, pero si tiene un clásico en sus manos, cuídelo como a su propia vida.

LOS PRODUCTOS Y LAS MARCAS

Aunque Coca-Cola puede haber desatendido un elemento de diseño simbólico de la vieja botella de Coca-Cola, el producto en sí tiene su carisma especial. Para la mayor parte del mundo dice algo sobre el modo de vida americano. Todavía sigue siendo un misterio cómo un refresco puede ser dotado con tales propiedades, pero Coca-Cola las posee, y en grandes cantidades. Sea lo que sea lo que Pepsi haya hecho para intentar retar a Coca-Cola, no lo ha conseguido. Hubo una época en la que Pepsi solía centrarse en pruebas de sabor, demostrando que, en una prueba en la que los clientes probaban ambos productos con los ojos vendados, preferían Pepsi, pero no lo habían comprendido. No se bebe Coca-Cola por el sabor, sino por la experiencia cultural.

❝Intente seguir el ritmo de los demás por todos los medios, pero si tiene un clásico en sus manos, cuídelo como a su propia vida.❞

❝Coca-Cola las posee, y en grandes cantidades.❞

COCA-COLA ES UNA CONSTANTE

En un siglo de cambios dinámicos (la tecnología, la ciencia, la estructura familiar, la pérdida de importancia de la religión), sólo Coca-Cola ha permanecido igual, ofreciendo la oportunidad de pertenecer a un club universal. Ha penetrado en la vida de las personas hasta cierto punto que se asocia con casi todos los aspectos de las vidas de los consumidores (citas, reuniones con los amigos en la universidad, momentos de éxito), todos los "momentos Coca-Cola" de las vidas de las personas que Coca-Cola sabe explotar y representar.

Las personas han asimilado las imágenes que han acompañado a la compañía desde el principio, hace unos 109 años. Esta compañía ha realizado grandes inversiones en herramientas de promoción y publicidad hasta un grado en el que casi ninguna persona del planeta desconoce el producto. Se ha convertido en una parte intrínseca de la vida cotidiana. La razón de ser de Coca-Cola es ser el vendedor número uno de cada mercado en el que se introduce y para esto necesita promoción. En 1990, Ike Herbert, el director de publicidad de Coca-Cola declaró: "Somos quienes somos porque somos todas las cosas, para todas las personas, todo el tiempo y en todos los lugares".

Esto es cierto cuando nos damos cuenta de que Coca-Cola tiene una presencia exclusiva en más de 400 lugares prestigiosos de Estados Unidos como Disney World, Madison Square Gardens y el Estadio de los Yankees, y como tal, es observada por 280 millones de clientes habituales al año. Coca-Cola ha sido capaz de crear un conocimiento de la marca y una fidelidad a la misma, tan extendidos, gracias a su capacidad de llevar a cabo sus actividades con mucho éxito, para identificar los puntos comunes de la experiencia humana. Coca-Cola dibuja su publicidad para llamar la atención de, prácticamente, todos los seres humanos. Junto con su presencia global, Coca-Cola está disponible para todo el mundo y tiene un significado para la mayoría de ellos.

De una tesis de Gregor D. Cosgrove

❝Los clientes hablaban del sentimiento de haber llegado a casa que sentían cuando entraban en un avión de BA en un país extranjero.❞

En menor medida, este mismo aspecto de empapar un producto o una marca con la capacidad de generar un sentimiento único está presente en más lugares. Una serie de líneas aéreas lo han intentado, obteniendo éxitos variados. Singapore Airlines exageró la "Chica Singapur" (cuando todavía era políticamente correcto hacerlo), pero los pasajeros vieron que en realidad no se cumplía la promesa. Todavía más impresionante fue cuando el servicio de atención al cliente de British Airways estaba en su punto más álgido a finales de los años ochenta y principios de los noventa y generó un sentimiento propio especial. Los clientes hablaban del sentimiento de haber llegado a casa que sentían cuando entraban en un avión de BA en un país extranjero, es aún más interesante que no sólo lo dijeran pasajeros británicos.

LAS SEMILLAS DEL AMOR

Todos estos productos y marcas tienen algo en común: provocan emoción en todos nosotros, tienen carisma. Es la capacidad de influir en nuestros sentimientos lo que está en marcha. Esto implica no ser aburrido y también tener capacidad para ignorar las modas y hacer lo que se desee. Es una estrategia de alto riesgo. Aquellos que ignoran las modas pueden ser objeto de burlas, pero si se da con la combinación exacta y la respuesta emocional adecuada, la recompensa puede ser inmensa. Trabajar para lograr un producto carismático como éste no debería ser la única estrategia, pues es demasiado arriesgado, sino que debe ser una tarea paralela a la trayectoria principal de una gran compañía. Cuando se tope con el éxito, lo original, lo clásico, un producto realmente adorable, debe permanecer siéndolo durante mucho, mucho tiempo. Merecerá la pena.

66 **Si se da con la combinación exacta y la respuesta emocional adecuada, la recompensa puede ser inmensa.** **99**

4 ME CONOCEN

Hay algo muy especial en las compañías que realmente le conocen. Lo que las grandes compañías han averiguado a sus expensas es que, aunque usted puede fingir esto hasta cierto punto, probablemente utilizando el nombre de otra persona, para lograr el verdadero factor de carisma de este activo, debe tratar con personas reales que verdaderamente le conocen, lo que puede requerir una organización de la compañía mucho más fragmentada.

EL FACTOR DE LA PEQUEÑA COMPAÑÍA

Cualquier gran compañía lucha contra una desventaja principal si se la compara con el pez pequeño. Cada cliente de una pequeña compañía es conocido y si la compañía es algo buena, es bienvenido. Esto resulta mucho más complicado cuando se tienen 10.000 o 1.000.000 de clientes. Por ello, existe un mercado de sistemas de gestión de la relación con el cliente (GRC) en vías de expansión para intentar hacer frente a este problema e introducir el factor de la pequeña compañía en las corporaciones. Cualquier cosa que pueda ayudar a dirigir mejor la relación con los clientes tiene que ser buena para crear carisma. Sin embargo, cualquier relación es una interacción de doble sentido entre seres humanos, algo que no debería ser olvidado cuando los vendedores de sistemas

66 Cualquier gran compañía lucha contra una desventaja principal si se la compara con el pez pequeño. 99

informáticos sueltan su rollo. Para comprender la GRC, no hay que empezar con las computadoras, sino con la tienda de un pueblo.

Probablemente la mayor diferencia entre una compañía corporativa y una pequeña compañía es que la última conoce a sus clientes personalmente. Cuando la señora Smith entra a la tienda y compra un paquete de caramelos por 20 peniques, el vendedor sabe que gasta 20 peniques cada semana en su tienda, lo que representa un valor de la vida del cliente de unas 40.000 libras. Si toma los 20 peniques a su valor nominal, podría cometer un gran error. La GRC trata de dar a las grandes empresas algunas de las ventajas de las pequeñas al conocer más datos sobre el cliente, porque si se hace mal, en esta sociedad inconstante de hoy en día, el cliente le abandonará de la noche a la mañana.

¿Qué es lo que puede hacer el vendedor de una pequeña tienda que no pueda hacer una gran empresa? En primer lugar, puede reconocer a la señora Smith, porque su base de clientes es lo suficientemente pequeña como para conocer a cada comprador habitual. En segundo lugar, tiene una amplia idea del valor de ese cliente. No tiene cifras explícitas, pero es suficiente para saber si la señora Smith suele gastar poco dinero en su tienda o si es una clienta de gran valor, en cuyo caso puede esforzarse más para mantenerla. En tercer lugar, conoce las preferencias de la señora Smith, de manera que puede tener su periódico listo o guardarle sus caramelos preferidos. Finalmente, puede hacer que para ella, la experiencia sea más agradable manteniendo una conversación amena con conocimiento de causa. Puede preguntarle por la salud de su madre o acerca de sus vacaciones en St. Ives. Todo esto se suma para dar a la señora Smith satisfacción, lo que aumenta las posibilidades de que siga siendo su clienta.

Es difícil para las grandes empresas provocar ese mismo sentimiento. Si puede identificar a un cliente, un sistema de GRC puede procurar tanta infor-

❝Cualquier cosa que pueda ayudar a dirigir mejor la relación con los clientes tiene que ser buena para crear carisma.❞

❝Probablemente la mayor diferencia entre una compañía corporativa y una pequeña compañía es que la última conoce a sus clientes personalmente.❞

UNA HISTORIA CON FINAL FELIZ

RECUERDOS DEL *BISTRO*

"El mejor ejemplo que puedo recordar es el de un pequeño *bistro* de la Isla de Wight. Mi esposa y yo habíamos cenado allí un par de veces cuando nos encontrábamos por la zona de vacaciones. Fue excelente, de modo que cuando volvimos aproximadamente un año después, fuimos allí otra vez".

"Nos sorprendió el hecho de que el dueño nos recibiera diciéndonos "Me alegro de volver a verles", pero supusimos que lo había averiguado por el libro de reservas. Sin embargo, nos quedamos realmente desconcertados cuando ya estábamos sentados. "La misma mesa que la última vez", dijo, "aunque veo que están mirando para el lado contrario". Era cierto, mi esposa y yo nos habíamos cambiado los asientos. Fue increíble. Durante varios años recomendamos este lugar a todas las personas que encontrábamos, hasta que los dueños se cambiaron a una empresa diferente".

mación a los representantes de una compañía que pueda comprender el valor del cliente y proporcionar un servicio personalizado. No es lo mismo que ser conocido realmente, pero es un comienzo. Por desgracia, hay que ser capaz de identificar al cliente en primer lugar. En ninguna parte son más claras las ventajas y los retos de la GRC que en el comercio electrónico. A primera vista, puede parecer que el mercado del comercio electrónico está limitado por la distancia, pues ¿de qué manera se puede tener relación con un cliente invisible? Sin embargo, cuenta con una verdadera ventaja sobre las empresas convencionales: la capacidad de identificar al cliente.

Compare a la pequeña tienda, la tienda ubicada en una calle principal y un vendedor por comercio electrónico. Cuando la señora Smith entra por la puerta, el dependiente la reconoce al instante, algo que la tienda de la calle princi-

❝En ninguna parte son más claras las ventajas y los retos de la GRC que en el comercio electrónico.❞

❝El comercio electrónico cuenta con una verdadera ventaja sobre las empresas convencionales: la capacidad de identificar al cliente.❞

pal no puede hacer. Aquí, mientras los clientes curiosean, eligen los productos y los llevan hasta la caja, el cliente no sabe quién es esa persona. La única oportunidad surge al final de la transacción cuando el cliente paga, y sólo si no lo hacen con dinero en efectivo. El vendedor por comercio electrónico es casi tan afortunado como el de la tienda pequeña.

Los sitios web pueden almacenar pequeños archivos en la computadora personal de un cliente. Suponiendo que el cliente acepte estas *cookies* (la mayor parte de ellos lo hacen), el vendedor por comercio electrónico puede utilizarlas para reconocer al cliente en futuras visitas e incluir un sistema de GRC.

LOS PELIGROS DE LA GRC

No obstante, aunque se haya conseguido reconocer a un cliente, no piense que tener un sistema de GRC es la solución a todos sus problemas, pues, al fin y al cabo, la gestión de las relaciones es un asunto de personas, no un asunto de sistemas. En el mejor de los casos, el sistema puede proporcionar a las personas adecuadas la información apropiada en el momento preciso, de modo que puedan simular la clase de relación que las pequeñas empresas realmente mantienen con sus clientes. No estoy echando esto por tierra, pero si confía en que el sistema va a hacerlo todo, no llegará a ninguna parte.

Aunque es bastante fácil equivocarse, la parte de los sistemas es la parte sencilla, y es la parte de la relación personal entre los empleados de primera línea y el cliente lo que seguirá marcando la diferencia. Un sistema de GRC siempre debe considerarse en segundo lugar, pues sería mucho mejor si pudiera encontrar un modo de tratar con el cliente exactamente como lo hace una pequeña compañía, conociéndolo realmente, y también hay que examinar cuidadosamente los argumentos de los vendedores de sistemas. Sí, la relación con sus

> **❝Al final, la gestión de las relaciones es un asunto de personas, no un asunto de sistemas.❞**

> **❝Sí, la relación con sus clientes es crucial, pero no crea que comprando un sistema todo va a funcionar a las mil maravillas de la noche a la mañana.❞**

clientes es crucial, pero no crea que comprando un sistema todo va a funcionar a las mil maravillas de la noche a la mañana.

LOS PRINCIPIOS BÁSICOS

Es asombroso todo lo que puede hacerse sin tener ningún sistema. Cuando se entra en una tienda de un pueblo, el tendero exclama "¡hola!" con una gran sonrisa. Es la clase de bienvenida que da a alguien a quien conoce, algo muy diferente de la clase de recibimiento que obtiene en los demás lugares. Aunque no necesita conocer al cliente, lo hace, pues yo le he visto hacerlo con perfectos extraños sin ningún problema. Ellos aprecian la amabilidad, mientras que el cliente regular lo interpreta como un reconocimiento de bienvenida. Si usted es el cliente regular de una gran compañía, normalmente le agradará conocer algunos rostros entre

UNA HISTORIA CON FINAL FELIZ
UN RECIBIMIENTO CON VINO

"Me encontraba realizando un trabajo en Australia y me alojé en un gran hotel en Sydney durante un par de semanas. Una semana más tarde volví y me encontré una botella de vino tinto esperándome en mi habitación con un mensaje del director diciendo que le alegraba volverme a ver y que creía que ese era el vino que había disfrutado cuando me había alojado allí".

"Cuando lo localicé (pues había estado ausente durante un par de días después de que yo me hubiese registrado en el hotel) y le pregunté cómo lo había hecho, admitió que había sido pura casualidad. Había visto mi nombre en el archivo de registros y comprobado la tarjeta de crédito que utilicé para garantizar mi reserva. Entonces descubrió que era la misma persona. De este modo, le resultó fácil averiguar qué vinos había tomado cuando comí en el restaurante. Pero lo que más me impresionó no fue el hecho de que hubiese hecho todo esto, sino que se hubiese molestado por hacerlo. Durante los siguientes cinco años recomendé a todas las personas que iban a Sydney que se alojaran en este hotel (por desgracia, ya he olvidado su nombre)".

66 **Sin ningún sistema, sin magia. Sólo un pequeño pensamiento por parte del dependiente.** 99

el personal. Si ellos le dieran esta clase de bienvenida, sentiría que el reconocimiento es mutuo, una prima instantánea para la buena imagen de la compañía.

Todavía sucede casi siempre que cuando utilizo una tarjeta de crédito, el dependiente no aprovecha la ocasión para utilizar mi nombre. Yo me emociono cuando alguien me dice "Gracias, señor Clegg", independientemente de la frecuencia con que esto ocurra. Sin ningún sistema, sin magia. Sólo un pequeño pensamiento por parte del dependiente.

Hablando de este tema, volvamos a los clientes regulares de una gran compañía. Las oportunidades están ahí, y alguien de la compañía las conoce. Yo suelo llevar a mis hijos al supermercado local los sábados por la mañana, y nos festejamos con un almuerzo en el restaurante del supermercado. Un día fui solo y la camarera que atendía en la caja comentó que no era habitual. Me hizo sentirme especial; me había reconocido. Es cierto que no puede hacerse esto con cada cliente, pero hay pocos empleados del personal de atención al cliente que no tengan una colección de clientes conocidos que reconocen, independientemente de lo grande que sea la compañía. Cuando mi mujer trabajó en la ventanilla de la sucursal de uno de los bancos más grandes del Reino Unido, conocía y charlaba con prácticamente todos los clientes regulares. Los clientes le llevaban regalos en Navidad, e incluso una vez uno de ellos le propuso irse juntos de vacaciones. No siempre se necesita un sistema.

EN CONVERSACIÓN

Una destreza conversacional básica se encontraría entre los factores de decisión principales a la hora de contratar personal de contacto, pero a juzgar por muchas de las tristes almas con las que debemos tratar como clientes, esto no parece estar

66 **Hay pocos empleados del personal de atención al cliente que no tengan una colección de clientes conocidos que reconocen, independientemente de lo grande que sea la compañía.** 99

66 **Si el sistema proporciona información adecuada sobre el cliente surge la oportunidad de poder utilizarla. Sin embargo, también existe la posibilidad de hacer un uso equivocado de ella.** 99

incluido en la lista de quienes contratan a la plantilla. Simplemente se trataría de tener un surtido básico de líneas conversacionales de paso. No estamos hablando de grandes diálogos, sino de un simple comentario sobre el tiempo, temas de interés sobre asuntos de actualidad, o sencillamente exclamar "Qué bonita chaqueta". Esto sería suficiente para transformar una conversación con un miembro del personal de primera línea de ser una tarea rutinaria, en una agradable experiencia.

Con los beneficios de un sistema de GRC es posible llegar más lejos. Si el sistema proporciona la información adecuada sobre el cliente, surge la oportunidad de poder utilizarla. Sin embargo, también existe la posibilidad de hacer un uso equivocado de ella. Considero similar lo que ocurre con el localizador de llamadas que tenemos en casa. Los teléfonos de mi casa indican el número de la llamada entrante antes de que contestemos. Si es alguien que se encuentra incluido en nuestra agenda de teléfonos, se verá su nombre. Es bastante infrecuente que descolguemos el teléfono y digamos "¡Hola, Carol!" (o quien sea), pues la persona que llama puede sentirse desconcertada y porque podría ocurrir que quien llama es el marido de Carol, y no ella. Sin embargo, lo que el localizador de llamadas nos permite es hacernos a la idea del tipo de llamada que será, llevar a cabo una acción preliminar o incluso (con bastante frecuencia) conectar el contestador automático.

De igual forma, no beneficia a nadie que lo primero que se diga a un cliente sea prácticamente: "¡Buenos días, señor Smith! Veo que este año ya ha venido a comprar en cinco ocasiones y que su última factura doblaba la cantidad habitual". Lo más probable es que el señor Smith se sienta como si el Gran Hermano le estuviera vigilando de cerca, e incluso de algún modo puede sentirse culpable por haber doblado la cantidad habitual en su última compra. Para asegurarse, esta vez gastará la mitad de lo normal, y esto no es lo que usted intentaba conseguir.

En lugar de esto, la información debería reforzar la conversación, llevándola a áreas que podrían beneficiar a ambas partes, como por ejemplo, señalando que por comprar un poco más, en esa ocasión su gasto anual total se traslada a la franja siguiente, lo que daría como resultado un ahorro considerable en el futuro. Se ha realizado un gran esfuerzo en círculos de gestión de las relacio-

❝Se ha realizado un gran esfuerzo en círculos de gestión de las relaciones en cuanto al uso de sistemas de GRC para dar la impresión de que el miembro del personal realmente conoce al cliente.❞

nes en cuanto al uso de sistemas de GRC para dar la impresión de que el miembro del personal realmente conoce al cliente. Esto puede hacerse diciendo "Hola, señor Smith. Me alegro de que vuelva a tratar con nosotros. La última vez realizó una reserva para tres personas. ¿Desea volver a hacerlo?".

Esto es correcto si está seguro de que el miembro del personal en cuestión ha tratado con el señor Smith previamente. Si no, sería mejor dejar claro lo que está ocurriendo ("Lo comprobaré en el sistema... ah, sí, fue..."). De hecho, incluso con un miembro del personal que ha tratado con el señor Smith previamente, merecería la pena convertir su afirmación en una pregunta. Pocas personas poseen la memoria suficiente como para que sea algo definitivo. Si, por ejemplo, usted decidiera hacer un comentario social, sería mejor decir: "¿No se estaba mudando de casa la última vez que hablé con usted?" con un grado naturalidad de duda, en lugar de la tajante afirmación: "La última vez que hablé con usted se estaba mudando de casa".

MOSTRAR INTERÉS

Al observar estos puntos básicos, advertí cómo una simple sonrisa y un "¡hola!" con el tono adecuado podían implicar que el cliente era conocido. El modo más sencillo de asegurar que su personal de atención al cliente es eficaz en lo que a esto se refiere, y en el hecho de mantener una conversación agradable, es asegurarse de que están interesados en las personas. Parece una simplificación excesiva, pero esta simple cualidad, estar interesado en las personas, puede ser todo lo que necesite para distinguir entre un buen personal de atención al cliente y un magnífico personal de atención al cliente.

Todas las personas tienen una opinión sobre el resto del mundo. Se puede ver a otras personas como fascinantes o aburridas o se puede tomar un punto

❝Parece una simplificación excesiva, pero esta simple cualidad, estar interesado en las personas, puede ser todo lo que necesite para distinguir entre un buen personal de atención al cliente y un magnífico personal de atención al cliente.❞

❝Todas las personas tienen una opinión sobre el resto del mundo.❞

de vista elitista: que la mayoría de las personas (personas que no son *nosotros*) son personas sin rostro y con poca individualidad, cuyas vidas no tienen interés y que son unos imbéciles muy rentables a los que hay que exprimir todo lo que tienen. También puede vérseles como lo que son: personas verdaderas con su propia manera de hacer las cosas, sus esperanzas y sus sueños, personas reales con experiencias reales. La efectividad de esta postura está demostrada por la gran popularidad de documentales televisivos costumbristas. Estos documentales sobre la vida de un grupo de personas han proliferado en parte debido a que su producción es barata y porque las personas están interesadas en las personas, pero entonces, ¿por qué no tienen ese mismo interés en sus trabajos?

Todo comienza con una actitud, la misma actitud que les lleva a decir: "Si no fuera por los clientes, este trabajo sería estupendo". Ésta es una actitud que debe ser erradicada sin reparos, pues si no fuera por los clientes, no habría trabajo, ni dinero, y todo sería muy aburrido. Los clientes en ocasiones pueden causar dificultades (aunque con frecuencia son sus sistemas los que las causan y lo que el cliente hace es reaccionar ante ellos), pero la mayor parte del personal de atención al cliente preferiría tener un flujo continuo de clientes que estar el día entero sin hablar con nadie.

Así, el personal de atención al cliente debe ser motivado por un modo de documental sobre la vida de las personas para no ver la interacción con el cliente como una molesta interrupción o como una reunión con un idiota descerebrado que está haciendo perder el tiempo al miembro del personal, sino como una oportunidad de echar un vistazo a la vida de otra persona. *¿Voyeurista?* Es posible, pero todos somos *voyeurs* en el fondo. Sería mucho mejor encontrarse con alguien interesante que no con alguien aburrido. La elección es del miembro del personal.

❝La mayor parte del personal de atención al cliente preferiría tener un flujo continuo de clientes que estar el día entero sin hablar con nadie.❞

❝Al igual que resulta ridículo que las compañías a menudo excluyan a las personas de más de cincuenta años de edad para ocupar puestos de trabajo, resulta igualmente triste que las personas jóvenes no tengan una oportunidad de prosperar en un trabajo.❞

Muchas organizaciones tienen dificultades particulares con el personal joven. A riesgo de ser discriminatorio por la edad, las personas jóvenes muestran tener verdaderos problemas en las funciones de atención al cliente. En primer lugar, la educación secundaria ha enseñado a muchos de ellos que mostrar interés por las cosas –interés por *cualquier cosa*– es triste y aburrido. Éste es un estado completamente antinatural en el ser humano, pero nuestras escuelas lo logran mediante la presión entre compañeros (y en ocasiones por una enseñanza deficitaria).

En segundo lugar, incluso si tienen interés a su propio nivel, muchos jóvenes piensan que las personas mayores son intrínsecamente aburridas; después de todo, no son jóvenes y nunca lo han sido.

Enfrentarse a estas dificultades no es algo trivial, sino importante. Una opción es no contratar a personal de atención al cliente joven, pues las compañías que contratan a personas mayores para ocupar puestos de atención al cliente en centros de recepción de llamadas o hipermercados DIY normalmente declaran que la relación con el cliente es mejor, ya que los clientes confían en el personal y los miembros del personal respetan a los clientes. Sin embargo, ésta no es siempre una opción y, al igual que resulta ridículo que las compañías a menudo excluyan a las personas de más de cincuenta años de edad para ocupar puestos de trabajo, resulta igualmente triste que las personas jóvenes no tengan una oportunidad de prosperar en un trabajo.

En los lugares donde se contrata a personal joven (hasta los veinticinco años de edad), debería realizarse un esfuerzo para ayudarles a tener interés por las personas. Esto puede fomentarse mediante la ampliación de sus intereses en general, como patrocinando actividades para expandir sus intereses más allá de los bares y las discotecas. No obstante, debe realizarse una educación consciente sobre los beneficios personales que implica interesarse por las personas, aunque sólo sea para hacer que su día sea más interesante.

"Si es posible dar este paso del interés al aprecio, el componente del carisma se afianzará."

"Es casi imposible ser apreciado sin devolver el cumplido."

NO MÁS CLIENTES DIFÍCILES

El consultor David Freemantle ofrece un ejemplo fantástico de cómo pueden desaparecer los clientes difíciles en su libro *What Customer Like About You* (más detalles en la página 211).

"Hace dos años dirigí un seminario en Estados Unidos y la conversación giró inevitablemente, y una vez más, en torno a cómo manejar a los clientes difíciles. Varios participantes relataron anécdotas reales sobre problemas a los que se habían enfrentado con los clientes. De repente, una joven mujer, Natasha Keal, levantó su mano y esperó pacientemente a ser invitada a hablar".

"Encuentro esto muy extraño" dijo con voz baja, "pero yo no puedo recordar la última vez que tuve un cliente difícil. Todos mis clientes son muy agradables conmigo y nunca tengo ningún problema con ellos".

"Natasha sonreía mientras hablaba, con una voz cálida y suave y un ligero acento irlandés. Le pedí que se explicara, si es que era posible. ¿Por qué sus colegas de otras sucursales tenían problemas y ella no?".

"Yo simplemente trato a mis clientes como amigos", explicó, "a todos ellos. Si viene una madre estresada llevando en una silla de paseo a un niño que llora, hago todo lo posible por ayudarla. Si veo una mujer mayor quejándose por nuestros precios, la escucho, se lo explico lo mejor que puedo y soy agradable con ella. Si veo a algún vagabundo que entra borracho le gasto alguna broma, llevo a cabo la transacción con rapidez y le acompaño tranquilamente hasta la puerta antes de que pueda llegar a molestar a otros clientes".

APRECIAR A LOS CLIENTES

Un paso más lejos a la hora de mostrar interés por los clientes es apreciarles. Éste es un gran paso en términos de resultados, aunque un paso bastante pequeño en la práctica. Al igual que es posible interesarse realmente por algo que no nos gusta (como las serpientes o los asesinos en serie), pues es bastante habitual que un nuevo interés llame nuestra atención, es difícil no apreciar a alguien en el que se está interesado, al igual que es difícil proporcionar un mal servicio al cliente que nos gusta. Si es posible dar este paso del interés al aprecio, el componente del carisma se afianzará. Desde el punto de vista de los clientes, una vez que piensan "¡Me aprecian!" al pensar en su compañía, puede no haber vuelta atrás. Es casi imposible ser apreciado sin devolver el cumplido.

Lo más fascinante es, ya que el interés por el cliente hace que el trabajo sea menos aburrido que antes, que apreciar al cliente aumenta una vez más los bene-

UNA HISTORIA CON FINAL FELIZ

CUENTE CON EL SERVICIO DE ATENCIÓN AL CLIENTE

"El año pasado mi pareja y yo nos compramos una casa. Yo intentaba vender mi piso, pero el comprador se echó atrás en el último momento, de modo que me encontré en la tesitura de tener que conseguir un crédito puente por valor de 18.000 libras en unos pocos días para poder asegurar nuestra compra. Telefoneé a mi banco (Lloyds TSB), pensando que podían ayudarme, y me quedé muy sorprendido por la atención que recibí. Tomaron unos pocos detalles por teléfono y me citaron para ver al director al día siguiente".

"Cuando llegué, él ya había averiguado la combinación del descubierto bancario y el préstamo que yo necesitaba, había rellenado todos los documentos y había obtenido los permisos necesarios. Además me recomendó que cambiara mi cuenta corriente normal por una cuenta corriente *gold service*, que me ofrecía un tipo de interés rebajado sobre el préstamo. También me explicó cómo podía evitar pagar más intereses de lo que necesitaba, lo que me pareció muy extraño tratándose de un banco. El préstamo fue cargado en mi cuenta ese mismo día".

"Lloyds TSB ni siguiera obtuvo muchos beneficios del préstamo, pues lo liquidé en tres semanas (por lo que tampoco me penalizaron), pero definitivamente ganaron mi buena voluntad (y otro cliente del *gold service*). Su servicio me impresionó tanto, pues fue tanto profesional como increíblemente tranquilizador en un momento de estrés extremo, que tomé un gran sentido de lealtad, algo que debe de ser bastante infrecuente para la mayoría de los bancos comerciales. Éste es un buen ejemplo de una organización que trata bien a clientes potencialmente rentables para mantener sus empresas y obtener más dinero de ellos a largo plazo".

"Puede ser un momento excelente para mostrar su carisma corporativo al cliente."

ficios para el miembro del personal. Una vez que éste llega a apreciar a sus clientes, el concepto de cliente difícil se convierte en algo mucho menos habitual. Lo que tiene ante usted no es alguien difícil, sino alguien a quien usted aprecia y que tiene dificultades (y lo más probable es que se deba a sus horribles sistemas), y ayudarles va a ser lo mismo que hacer un favor a un amigo.

No es que Natasha Keal no haya tenido que sufrir a aquellos que tradicionalmente serían catalogados como clientes difíciles, pero optó por no verlos de ese modo porque ella los apreciaba; apreciaba a las personas y punto. Ella veía algo bueno en todas las personas. Parece el típico argumento optimista cursi que a muchos nos daría ganas de vomitar, pero no es así. La postura de Natasha no le pide que finja que todas las personas son maravillosas o unos santos si no lo son, sino simplemente aceptar que son seres humanos con algo bueno en ellos, aunque en ese momento no lo estén demostrando, y que al reconocerlo todos se beneficiarán: el cliente, el miembro del personal y la compañía. Es una lástima que la mayoría de nosotros elija la experiencia menos agradable y gratificante simplemente porque es una opción.

Apreciar a los clientes significa ser un amigo, en lugar de alguien que desea llenarse los bolsillos con su dinero. Un aspecto que a todos nos gusta es tener amigos a quienes acudir si nos encontramos bajo presión o si necesitamos consuelo. Éste puede ser un momento excelente para mostrar su carisma corporativo al cliente.

HÁGALO *ON LINE*

A primera vista podría parecer que el mundo *on line* de Internet no es un lugar práctico para proporcionar la grata sensación de reconocimiento de un cliente. En realidad no hay duda de que tiene un impacto tan grande como el de una

> **❝El mundo *on line* tiene la ventaja de poder almacenar detalles sobre el cliente en un archivo que se encuentra en la computadora del cliente llamada *cookie*.❞**

> **❝Una razón esencial para la personalización es la velocidad. A no ser que haga las cosas fáciles para el cliente, éste no permanecerá con usted.❞**

interacción humana real en el estado emocional de una persona. Sin embargo, el mundo *on line* tiene la ventaja de poder almacenar detalles sobre el cliente en un archivo que se encuentra en la computadora del cliente llamada *cookie*.

Con una *cookie* para identificar al cliente, sólo tiene que pedir los detalles una vez, tras lo cual ya sabrá quién es. Esto significa que puede saludarle. Cuando entré en la tienda *on line* Amazon, apareció "Bienvenido de nuevo, Brian Clegg". No es exactamente una conversación, pero al menos es amable. También puede hacer las cosas más fáciles. Siguiendo con Amazon, cuando encuentro un libro en el que estoy interesado, aparece un botón llamado "1-Click™". Si lo presiono, compro el libro. No tengo que hacer nada más, ni dar un número de tarjeta de crédito ni una dirección de entrega, porque el sistema ya sabe quién soy. Esto permite que la compra en una tienda electrónica sea menos molesta que una compra convencional.

"1-Click" es sólo el principio. Una GRC en el comercio electrónico puede seguir la pista del cliente a través de todo el sitio web. Puede controlar cada página visitada o cada botón pulsado. Con este conocimiento, es posible personalizar los intereses del cliente. Bill Wittenberg, de Art Technology Group, una compañía especializada en la gestión de las relaciones con el cliente en la Web, señala que una razón esencial para la personalización es la velocidad. A no ser que haga las cosas fáciles para el cliente, éste no permanecerá con usted. Una GRC que se encuentre tras un sitio web puede significar que en su segunda visita, se reflejen los intereses demostrados en la primera. Si visitó la sección de música clásica de una tienda musical, ahora esta sección aparece de forma más prominente en la página de inicio. Este tipo de enfoque es especialmente importante para un sitio web con una base amplia que quiera enfocarse de un sitio web mucho más pequeño (el equivalente en un sitio web de la comparación entre el dependiente de la tienda de un pueblo y el dependiente de una corporación).

Con información suficiente también puede emitir juicios basándose en el valor del cliente. Puede presentar ofertas y descuentos especiales o abrir nuevas

❝Una buena GRC debería poder atar los cabos de todas las interacciones entre un cliente y su compañía.❞

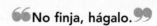
❝No finja, hágalo.❞

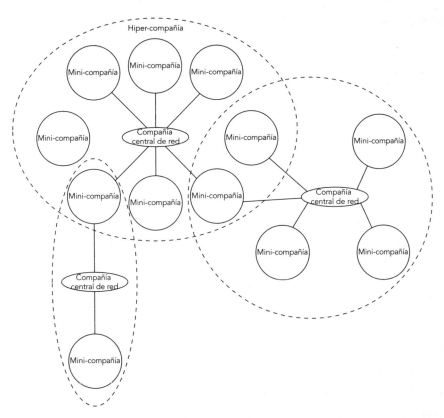

Figura 1 La mini-compañía y el cambio organizacional

secciones en su catálogo para un cliente de gran valor. Además, el conocimiento que lleva a esta decisión no se basa únicamente en información del contacto Web. Una buena GRC debería poder atar los cabos de todas las interacciones entre un cliente y su compañía, si éstas se han realizado por Internet, por teléfono, en persona o por correo. Funciona de ambas formas. Si en su página web alguien muestra mucho interés en computadoras portátiles, esto puede influir en sus e-mails publicitarios convencionales. Si es posible, dicha integración debería continuar en sistemas de información empresarial más amplios para proporcionar una imagen general completa.

❝Si su objetivo es trasladar los beneficios de una pequeña compañía a una gran compañía (y son muchos), no puede haber un modo más eficaz que desarrollar pequeñas compañías en una grande.❞

HÁGALO REALIDAD

Si el objetivo ha sido dar un ambiente de pequeña compañía a la relación con un cliente, y por lo tanto no sólo hacer que los clientes sientan que usted les conoce, sino conocerlos *realmente*, hay un paso final que debe dar. Hágalo realidad, no finja, hágalo. Vuélvase hacia las ventajas que ofrece la tienda de un pueblo convirtiendo su empresa en una agrupación de tiendas de pueblo.

En *DisOrganization* (*véase* la página 212), un libro escrito por Paul Birch, sugerí que una de las mejores direcciones para el cambio organizativo era dividirse en una serie de mini-compañías, de modo que cada una pueda ser una pequeña compañía por sí misma y estar típicamente compuesta por alrededor de una a cincuenta personas (*véase* la Figura 1). Las mini-compañías estarían coordinadas por una compañía central de red que mantiene el flujo de información y reúne a estas mini-compañías en una dirección general, independientemente de que formen parte de la misma organización estructural o completamente independientes.

Éste no es el lugar adecuado para entrar en todos los detalles de un enfoque de mini-compañías, pero desde el punto de vista del carisma cuenta con muchas ventajas. Las mini-compañías son lo suficientemente pequeñas como para que todo el mundo en ellas se conozca. Como en cualquier otra compañía pequeña, hay más posibilidades de que el personal de atención de una mini-compañía conozca a los clientes que en un conglomerado sin rostros. Si su objetivo es trasladar los beneficios de una pequeña compañía a una gran compañía (y son muchos), no puede haber un modo más eficaz que desarrollar pequeñas compañías en una grande.

Sin embargo, aunque esto no se consiga, es posible recorrer parte del camino. A la mayor parte de nosotros nos agrada tener *un* médico de cabecera o *un* dentista, a pesar de que sólo seamos un cliente en una industria médica inmensa. Es alguien que conocemos y en quien confiamos, pues nos conocen. Es cierto que en ocasiones tenemos que tratar con otra persona diferente, pero generalmente obtenemos las ventajas de ser conocidos como individuos. No hay razón alguna por la que la mayoría de las compañías no puedan adoptar el mismo enfoque de tener a una persona de contacto para cada cliente. No siempre tratará con la misma persona, pero sí ocurrirá la mayor parte de las veces, y de ese modo, tanto la compañía como el cliente, obtendrán la mayor parte del beneficio.

5

EL PODER DE LAS ESTRELLAS

Es fácil para las personas grises que van vestidas con trajes grises criticar la postura aparentemente egoísta de las estrellas de una compañía como Richard Branson. Sin embargo, existe una verdadera transferencia de afectividad hacia nuestras estrellas, pues nos interesan y nos gusta relacionarnos con ellas. Se presta muy poca atención al potencial estelar de los directores ejecutivos.

¿IDIOTAS AUTO-PROMOCIONADOS?

Si usted trabaja para un competidor de una de las compañías de Richard Branson, lo más probable es que no le tome demasiado en serio. Quizá debamos matizar esto. Como empresario, sí; como un peligroso competidor, también; como un experto en busca de ventaja, sin duda. Pero después, comienza a hacer de las suyas en los medios de comunicación y entonces las corporaciones se sorprenden. Ya se encuentre dando la vuelta al mundo en globo, haciendo cola en un parque temático o interviniendo en un documental, Richard Branson es un actor hasta la médula. Todavía recuerdo un programa de televisión, cuando acababa de fundar su compañía aérea, en el que se le pudo ver entreteniendo a los pasajeros realizando trucos de magia (como "robar" un reloj).

Para la media de los miembros del consejo, dicho comportamiento sencillamente no es apropiado para la dirección general de una compañía seria, pues suele prevalecer el sentimiento de que pertenecer a una empresa no debe implicar diversión. Es una empresa seria que debería ser tratada de manera

❝Suele prevalecer el sentimiento de que pertenecer a una empresa no debe implicar diversión.❞

apropiada, de modo que los trucos publicitarios de Branson son rechazados por triviales, ya que se considera que perjudican a su estatus. Sin embargo, en su opinión, la media de los miembros del consejo cometen una triste equivocación.

El hecho es que, independientemente de que le agrade o no (¿podría influir un factor de envidia en alguno de los casos?), contar con una persona tan conocida que esté a la cabeza de la compañía marca la diferencia, una gran diferencia. Pregunte a cualquier transeúnte por el nombre del presidente o el jefe ejecutivo de la mayoría de las grandes corporaciones y no sabrán responderle. Pregúnteles qué piensan sobre la compañía y obtendrá la misma contestación porque la ven como una organización gris con personas aburridas que realizan tareas aburridas. Sin embargo, pregúnteles sobre Virgin y escuchará algo diferente. Saben quién es Branson e identifican a Virgin con un enfoque joven, vivo e innovador, con el que muchos clientes quieren ser asociados, y es el poder estelar de Richard Branson el gran responsable de que esto ocurra.

¿QUÉ ES UNA ESTRELLA?

Desde que ha existido la comunicación de masas, ha habido estrellas: personas cuyos nombres y rostros son reconocidos por el público y a quienes se señala por las calles, personas en las que el público se interesa y de quienes quieren saber más. Pueden pertenecer al mundo del cine, de la música, de los deportes o de la televisión, pueden ser conocidos porque lo que hacen es especial, o bien por ser buenos en darse a conocer (la palabra mágica que suele utilizarse aquí es "celebridad"). Realmente no importa *por qué* son conocidos, ya que una vez que alguien es conocido, el público se interesa en él.

Sin embargo, hay que tener cuidado. La fama de algunas estrellas está tan segmentada como algunas marcas. Podrían ser increíblemente famosos en un país y ser casi desconocidos en otro, o bien podrían atraer al mercado de los jóvenes o a los mayores de sesenta años. Esto no representa necesariamente un inconveniente si se tiene un producto o servicio dirigido a un público, pero debe tenerse en cuenta.

❝Contar con una persona tan conocida que esté a la cabeza de la compañía marca la diferencia.❞

❝Desde que ha existido la comunicación de masas, ha habido estrellas.❞

Sin embargo, independientemente de la segmentación del mercado, una estrella es un producto deseable porque llamará la atención de los medios de comunicación como un imán de carisma. Algunas publicaciones como la revista *¡Hola!* se dedican exclusivamente a la vida de las estrellas, pero incluso los medios de comunicación dominantes y programas informativos serios son más propensos a cubrir una noticia si una estrella está implicada en ella. Desde el punto de vista de los medios de comunicación, las estrellas venden más copias, publicidad o índices de audiencia. Hubo una vez en que una estrella era un actor glamuroso o alguien que había conquistado un extremo como escalar el Everest o llegar a un Polo. En la actualidad, una buena definición de una estrella es alguien que puede captar la atención de los medios de comunicación sin haber hecho nada en particular.

PALPAR EL AURA

La postura tradicional para beneficiarse de la publicidad de una estrella en los medios de comunicación es el reclamo publicitario. Especialmente en Estados Unidos, es completamente normal que una estrella elogie los beneficios de un producto en televisión y en revistas, aunque no exista ninguna relación posible entre la estrella y el producto o la compañía. Igualmente podría verse a un jugador de golf anunciando pastillas para los gases que una estrella del rock entusiasmándose con un cortacésped. Esto no parece importar, siempre que su nombre aparezca.

Un ejemplo formidable es el de Michael Jordan, un jugador de baloncesto del equipo Chicago Bulls. A finales de los años noventa Jordan se convirtió en la apoteosis de una estrella representando una marca. En los primeros nueve años de la década ganó más de 300 millones de dólares provenientes de sus diversos salarios y reclamos publicitarios. Solamente en un año, estos últimos se elevaron a una cifra de 45 millones de dólares. La calidad de Jordan como estrella le ha permitido llegar más lejos, promocionando artículos deportivos. Es también un excelente ejemplo del modo en que una estrella puede combinar el hecho de ser

❝Independientemente de la segmentación del mercado, una estrella es un producto deseable.❞

❝Una buena definición de una estrella es alguien que puede captar la atención de los medios de comunicación sin haber hecho nada en particular.❞

inmensamente poderosa y de tener una influencia parroquial. En Europa, donde el baloncesto tiene un seguimiento mucho menor, Jordan es prácticamente desconocido.

Esta variación regional también puede aplicarse a la reacción de la promoción en sí. Una de las mayores diferencias entre las culturas norteamericana y británica es que, en el Reino Unido, las audiencias son mucho más cínicas. Aunque usted encuentre alguna utilidad en el enfoque de la popular locutora "científica" Carol Vorderman anunciando una margarina que asegura reducir los niveles de colesterol, a pesar de que su cualificación se centre en las matemáticas, tiende a emplearse con más sutileza. Una estrella aparecerá en un anuncio casi por casualidad. Su presencia promocionará el producto, en lugar de utilizar unas exageradas alabanzas. De otro modo, la audiencia del Reino Unido pensará que el personaje en cuestión dirá cualquier cosa a cambio de dinero, y el resultado será la degradación de la imagen de la estrella, y no la mejora de la imagen del producto.

La promoción no es el vehículo apropiado para unir el carisma a un producto o una compañía. Debido a que habrá una pequeña influencia de la presencia al estilo británico en la publicidad, la mayor parte de los clientes sabe que las estrellas aparecen en los anuncios porque se les paga para ello, y no porque tienen alguna relación con la compañía. Así, para influir realmente en los clientes, las estrellas han de estar directamente relacionadas con el producto, marca o compañía... o, al menos, dar esa impresión.

La creación de un lazo tan fuerte entre una compañía y un individuo puede proporcionar enormes recompensas, aunque también tiene su riesgo. Si el individuo sufre una mala fama, lo mismo puede ocurrirle a la compañía. Hace algunos años, en el Reino Unido, Ratners, una de las cadenas de joyería más grandes, cayó en bancarrota. La causa fue que Gerald Ratner, que era el líder de la compañía, cometió el error de burlarse de sus propios clientes cuando estaba pronunciando un discurso. Lo que había pretendido ser una ingeniosa obser-

66Una de las mayores diferencias entre las culturas norteamericana y británica es que, en el Reino Unido, las audiencias son mucho más cínicas.99

66La creación de un lazo tan fuerte entre una compañía y un individuo puede proporcionar enormes recompensas, aunque también tiene su riesgo.99

UNA HISTORIA DE TERROR

HAY UNA JUNGLA AHÍ FUERA

La compañía de compras por Internet jungle.com, tuvo algunos problemas con su servicio de atención al cliente en 1999, y el fundador de la compañía parecía decidido a resolver las cosas. Apareció en un programa de televisión aclamando lo importante que era el servicio de atención al cliente para la compañía, y envió un mensaje personal a su cliente, parte del cual dice:

"Como fundador de jungle.com, desearía pedirle disculpas personalmente si es usted uno de nuestros valiosos clientes que han sufrido un retraso en la entrega de su pedido".

Uno de sus clientes se vio sorprendido por esa obvia intención por poner las cosas en su sitio personalmente y contestó al directivo de la siguiente manera:

"Hace dos semanas decidí comprar un organizador y, tras decidir que quería un Palm 3x, decidí pedirlo a Jungle y quise que me lo entregaran al día siguiente. En la página para realizar un pedido hay tres botones, uno de los cuales debe pulsarse si se desea que el pedido sea entregado al día siguiente, pero no se especificaba que esto fuera necesario, de modo que continué con el proceso y cuál fue mi sorpresa al ver que ya había realizado el pedido. En cualquier otro sitio web en el que he realizado alguna compra, siempre aparece una página que muestra el pedido de modo que se pueden comprobar los detalles antes de confirmarlo".

"Como había realizado un pedido que no quería, llamé por teléfono para pedir que éste fuera modificado de modo que se me entregara al día siguiente, pero se me comunicó que esto no era posible y que tenía que cancelar el pedido y realizar uno nuevo. Eso hice, pero esta vez pulsé el botón para indicar que deseaba la entrega al día siguiente. Completé la transacción, pero como no hay una pantalla que muestre qué se ha pedido, no sabía si lo había hecho bien. Resulta muy frustrante tener que acudir a la sección de comprobación del pedido para confirmar los detalles una vez que la petición ya ha sido enviada".

"Al comprobar el pedido *on-line*, vi que no se indicaba que la entrega debía realizarse al día siguiente, de modo que volví a llamar por teléfono y una vez más tuve que anular el pedido. Se me comunicó que, tras pulsar el botón para que la entrega se realizara al día siguiente, debía pulsar otro botón para actualizar la página. Es una locura, y vuelvo a decir que cualquier otro sitio web que he visitado sabría qué botón se ha pulsado y transmite la información".

▷

"Volví a realizar el pedido y esta vez conseguí especificar que la entrega fuera efectuada al día siguiente, que era un sábado. Ese sábado por la tarde llamé a Jungle para preguntar por qué el organizador no había llegado y me contestaron que no había existencias y que llegaría el miércoles siguiente. Me sentí molesto por el hecho de que no me hubieran telefoneado para avisarme, pues tenían mi número de teléfono. Además, como había solicitado que se me entregara al día siguiente, me había quedado en casa expresamente para ello. Cancelé el pedido".

"Posteriormente recibí una llamada telefónica haciéndome saber que mi pedido había sido cancelado, y yo supuse que esto era aplicable a los tres".

"Hoy lunes, una semana después, he recibido un Palm 3x, pero no lo quiero. Creo que, conforme a la ley del consumidor, estoy obligado a concederles un margen de tiempo de seis meses para recogerlo, tras el cual yo paso a ser el dueño del organizador. Les ruego que realicen la recogida a una hora que me sea conveniente".

"He intentado telefonear al servicio de atención al cliente, pero nadie contesta a la llamada".

Once días más tarde, sin ninguna respuesta por parte de jungle.com, el cliente probó de nuevo, utilizando esta vez el servicio de atención al cliente vía e-mail.

"Tras haber recibido un mensaje del fundador de su compañía, esperaba que éste hubiera respondido a mi mensaje. No tiene sentido pedir disculpas por un servicio deficiente si después se van a empeorar las cosas".

"He intentado ponerme en contacto con el número del servicio de atención al cliente varias veces, pero yo diría que es más un servicio de no atención al cliente, pues ni siquiera se escucha un mensaje que indique que la llamada será atendida".

"Ustedes me enviaron algo que yo había cancelado. Voy a hablar sobre su cargo con la compañía de mi tarjeta de crédito. El número de pedido es el 654744. Estaré en casa durante la mañana del próximo sábado por si desean pasar a recogerlo".

Tras más de un mes, no había recibido ninguna respuesta, de modo que lo intentó una vez más y finalmente recibió una llamada que generó el siguiente e-mail:

"Al no haber tenido noticias suyas durante más de un mes, envié otro e-mail el miércoles. Ustedes me dejaron un mensaje en mi teléfono móvil el jueves en el que indicaban que vendrían a recoger su artículo el viernes entre las 9 y las 5.

1 No he podido acceder al buzón de voz hasta la última hora del jueves.

2 La mujer que dejó el mensaje no indicó un número de teléfono al que yo pudiera llamar.

3 La mujer que dejó el mensaje me indicó la dirección a la que había que dirigir el paquete, pero como habló muy deprisa y sin ninguna claridad, no sé si la dirección que tengo es la adecuada.

4 Dejé el paquete en casa de un vecino el viernes. Éste estuvo fuera durante una hora aproximadamente en todo el día. No sé si durante este tiempo alguien vino a recogerlo, porque el paquete seguía allí, y tampoco había ninguna nota que indicara que habían venido.

"No tiene sentido fijar una hora de recogida de un paquete sin asegurarse de que vaya a haber alguien. El número de mi teléfono móvil es..."

La historia terminó más por accidente que por intención. Jungle.com finalmente llamó para acordar una hora para la recogida un viernes, pero nadie acudió. El lunes siguiente el cliente estaba en su casa cuando un mensajero vino a recoger el paquete, pero aseguró que no sabía nada sobre la recogida del viernes. ¿Hubo alguna disculpa posterior? Ninguna.

vación dirigida a un público selecto, terminó siendo anunciado en los medios de comunicación de un modo abrumador y los clientes abandonaron Ratners a tropel. De hecho, cuando un directivo aparece en los medios de comunicación, sea una estrella o no, debe tener mucho cuidado con lo que dice.

En esta historia se produjo un caos administrativo, pero el factor clave es el modo en que el directivo se arriesgó y después procedió a ignorar a un cliente real que había respondido a su mensaje.

ALGUIEN AL FRENTE

El modo más sencillo de transmitir el carisma de una estrella a una compañía es que ésta sea dirigida por la estrella, o al menos algo parecido, como una participación confusa por la que pueda suponerse que posee o dirige la compañía. En algunos casos, esto es cierto, pues no hay duda de la participación de Richard Branson (aunque algunas de las compañías Virgin hayan sido escindidas), y en otros se trata de ficción, como el grupo de estrellas que están al frente de Planet

> **El modo más sencillo de transmitir el carisma de una estrella a una compañía es que ésta sea dirigida por la estrella.**

Hollywood y cuya implicación en la dirección de la compañía es poca, aunque el efecto es el mismo.

Teniendo en cuenta que las estrellas pueden crearse o incorporarse a la empresa, el estrellato en la capa directiva ha provenido desde ambas direcciones. Un pequeño ejemplo de personas famosas que poseen compañías o marcas levantadas en torno a ellas incluyen a Paul Newman (aderezos para ensaladas), la fallecida Linda McCartney (comida vegetariana) o Bruce Willis *et al ii*. (Planet Hollywood). De igual modo, otros han conseguido destacar básicamente como resultado de su empresa, incluyendo a Anita Roddick (The Body Shop), Victor Khyam (Remington), Jan Carlzon (SAS) y Bill Gates (Microsoft).

En algunas ocasiones, la asociación puede realizarse con un producto específico, algo que puede verse en software lúdico para computadoras. Usted puede tener un programa de diseño de jardines que tenga impreso el nombre de un jardinero que aparezca por televisión, o una simulación deportiva que aparentemente "pertenezca" a una superestrella. El proceso llega incluso más allá con los libros, donde las novelas y las autobiografías que aparentemente parecen haber sido escritas por una estrella, en realidad han sido escritas por otra persona, figurando como autores por una módica cantidad.

Sin embargo, independientemente de que la persona que represente a su compañía esté o no realmente involucrada en la empresa o su función sea más bien decorativa, lo importante es que consigue introducirse en los medios de comunicación y utiliza esto para transmitir su mensaje. Con una estrella, es más probable que el lanzamiento de un producto o servicio nuevo sea cubierto por los medios de comunicación, e independientemente de lo que le diga su agencia de publicidad, el impacto de la cobertura editorial es mucho más arrollador que la publicidad en lo que respecta al carisma. Con una estrella al timón, es posible resaltar los elementos especialmente carismáticos de una compañía que en realidad ella no puede anunciar, como la aportación medioambiental o caritativa que realiza o el modo en que proporciona bienestar a su plantilla y a sus clientes: su singularidad.

LA FORMACIÓN DE ESTRELLAS

Las estrellas no nacen, se hacen. Ocurre continuamente en el mundo del espectáculo. Algunos actores pueden ser estrellas porque tienen habilidad es clara-

❝Con una estrella, es más probable que el lanzamiento de un producto o servicio nuevo sea cubierto por los medios de comunicación.❞

mente superior pero muchos de ellos lo son porque la publicidad de Hollywood les ha llevado hasta ahí. Esto también ha ocurrido en el mundo de la música. No fue nada nuevo, ni algo que la industria discográfica no hubiese hecho durante años, que en los años sesenta el grupo Monkeys fuera creado por una compañía de televisión para hacer la competencia a Los Beatles. Esto aún ocurre en la actualidad. El último caso ha sido el del grupo S-Club Seven.

En cierta medida, este mismo proceso puede ser aplicado a los directivos de la compañía. No hay duda de que se necesita el tipo de persona adecuada, pues no todos los jefes ejecutivos son estrellas en ciernes, pero con un enfoque apropiado en apariciones públicas y una respuesta popular por parte de la audiencia, no hay razón para pensar que los directivos no puedan convertirse en estrellas para su beneficio. Vea cómo otros lo han conseguido:

- *Mediante publicidad*. Situar a la persona en el primer plano de la publicidad puede ser muy efectivo, pero preste atención a los torpes. Si el resultado es poco profesional, existe una posibilidad de que aún pueda lograrse una audiencia que encuentre la intervención graciosa o entretenida, si bien existe la misma posibilidad de sufrir un rechazo.

- *Mediante interés personal*. Desempeñar una actividad extrema, como dar la vuelta al mundo en globo, escalar montañas o llegar a los polos, es una buena oportunidad para llamar la atención. No obstante, tenga cuidado con las situaciones potencialmente ridículas. Si su jefe ejecutivo aparece en películas y usted patrocina una ceremonia de premios, no le permita dar ninguno, pues se sentirá muy incómodo rodeado de todos esos actores profesionales.

- *Estando ahí*. Si su empresa tiende a aparecer en la prensa con regularidad, puede aumentar su visibilidad asegurándose de que la posible futura estrella siempre aparece al frente de los acontecimientos. Este enfoque es particularmente útil si su compañía aparece en algún programa. No se limite a tener a la persona clave cortando una cinta o emitiendo un discurso; asegúrese de que hace algo entretenido, como juegos malabares, que lleva ropas ridículas, o que se muestra a sí misma como un espectáculo, demostrando así que son buenas personas.

- *Involucrándose en obras públicas*. Suelen presentarse las oportunidades para que los directores generales participen en planes gubernamentales. Por ejemplo, Richard Branson estuvo claramente involucrado en una campaña

❝Las estrellas no nacen, se hacen.❞

para eliminar la basura de Londres. Asegúrese de que el plan en cuestión vaya a llamar la atención de la prensa; por ejemplo, no aportará nada el hecho de dirigir un comité de tratamiento del alcantarillado. Una variante es involucrarse en acontecimientos benéficos de repercusión como telemaratones, si bien una vez más no debe limitarse a extender un cheque. La posible futura estrella debe mostrar que tiene carácter y que está dispuesta a implicarse haciendo algo inusual.

- *Participando* en concursos televisivos, coloquios, mesas redondas u otras actividades "en las que sea necesaria la presencia de un nombre". Procure evitar programas matutinos, a no ser que éstos tengan un impacto particularmente fuerte en su audiencia. Asegúrese también de que da la imagen correcta; la familia real británica vio su imagen pública tremendamente dañada cuando sus miembros más jóvenes tomaron parte en la versión Real del ridículo concurso "It's a Knockout".

La formación de una estrella por lo general no se produce de la noche a la mañana. Se necesitará una exposición repetida durante más de dos años si se quiere causar un impacto, pero los beneficios para la compañía pueden compensar el esfuerzo.

LA CONTRATACIÓN DE ESTRELLAS

Si la persona que dirige la compañía carece de potencial o simplemente considera que tener una imagen pública atenta contra su dignidad, siempre se puede comprar un nombre. Como ya se ha señalado, esto implica algo más que una simple promoción o incluso el hábito de lavado de cara de la compañía para hacer que una estrella sea asociada con su producto. La idea es la de dar la impresión de que la estrella fundó la compañía, que la dirige, que la posee o que tiene una participación mayoritaria en la dirección de la misma.

En realidad el beneficio de esto surge por partida doble. Si la estrella está involucrada de alguna manera, aunque esto sólo implique hacer acto de presencia un par de veces al año, los empleados se verán reforzados por su

> ❝La formación de una estrella por lo general no se produce de la noche a la mañana (...) pero los beneficios para la compañía pueden compensar el esfuerzo.❞

presencia (suponiendo, por supuesto, que la estrella haga acto de presencia ante los empleados). Así ellos sentirán que forman parte de una organización que está sembrada de estrellas, lo que puede llevar a buen término sus resultados, especialmente si la estrella mantiene un contacto frecuente con el personal de primera línea. El objetivo principal es el de aferrarse al aura publicitario de la estrella y propagar el carisma de la compañía.

Como mínimo, usted puede asegurar que su mascota estrella es un accionista. Sin embargo, muchas estrellas no son unidimensionales, como a menudo las describen sus relaciones públicas, y pueden tener un interés genuino en el funcionamiento de la compañía y proporcionar una contribución real a la dirección. Esto ha ocurrido con personas como Paul Newman y la fallecida Linda McCartney.

ESTAR AHÍ

Hay que pagar un precio para poder tener a una estrella al frente de la organización, pues se espera que ésta esté disponible para realizar cualquier campaña pública en la que se la necesite. Esto puede ocurrir con una verdadera estrella de la que se pueda disponer durante 24 horas al día, pero es mucho más difícil si la estrella tiene un verdadero trabajo al que haya que adaptarse, en especial si éste implica realizar viajes de negocios por todo el mundo. Sería maravilloso que Richard Branson fuera el rostro que encabezara tantas campañas publicitarias de Virgin, pero si no está disponible, parecería que el acontecimiento en particular no es importante para la compañía.

Un ejemplo de esto fue el que ocurrió en la política británica en 1999. Los analistas decretaron que la mala imagen del partido en el poder, el Laborista, se había debido en parte a la implicación de Tony Blair en las negociaciones en Kosovo. Blair intentó representar el papel de estrella como primer ministro, pero lo pagó caro cuando la crisis de los Balcanes requirió su presencia allí. Se hizo lo correcto, pero su partido sufrió por ello.

Existen varias opciones para atajar este problema. Se puede optar por alguien puramente famoso o por alguien de menor categoría en la empresa que se

66Aferrarse al aura publicitario de la estrella y propagar el carisma de la compañía.99

66Muchas estrellas (...) pueden tener un interés genuino en el funcionamiento de la compañía y proporcionar una contribución real a la dirección.99

convierta en una estrella. Podría asegurarse de que esta estrella tiene suficientes representantes de confianza como para que no deba abandonar lo que estuviera llevando a cabo en ese momento para ponerse frente al público. Si la estrella no puede acudir a una celebración, la celebración busca entre éstos a su estrella. Esta consideración no quita valor al hecho de tener una estrella; simplemente significa que las implicaciones deben recapacitarse antes de que surja la primera ocasión en la que una estrella no pueda acudir a un acontecimiento.

FIESTA Y DIVERSIÓN

Algo que puede evitar que los directores generales sean el centro de atención, o evitar tener a una persona que lo sea, es plantearse el objetivo de dar una imagen seria y empresarial de la compañía. Todavía existe la preocupación de que los inversores, los mercados y otros pudieran desaprobar cualquier cosa que no implique un comportamiento razonado y serio. Sin embargo, no sólo hay datos fidedignos de que este estigma ya no es aplicable, pues apenas ha causado daños a Richard Branson, sino que los beneficios de una actitud por parte de las capas altas de la compañía que proclame que la diversión está permitida, son positivos.

En términos generales, los beneficios se generan en las capas bajas de la compañía, y la cultura proviene de las altas. Si los directivos dictan el mensaje de que divertirse está permitido, y que ese no tiene que ser un lugar aburrido, dicha cultura se filtrará hasta llegar al personal de primera línea, a no ser que usted se esfuerce por que esto no ocurra. Esto significa que estos empleados disfrutarán más su trabajo y padecerán menos estrés. También significa que este sentido de diversión se transmitirá hasta llegar al cliente. Aunque hay ciertas actividades donde esta actitud puede ser inapropiada (se me ocurren los servicios funerarios), por regla general, tener a un sonriente empleado del servicio de atención al cliente que claramente disfruta de su trabajo representa un verdadero beneficio a la hora de que el cliente trate con la compañía. El beneficio es doble.

❝Si la estrella no puede acudir a una celebración, la celebración busca entre éstos a su estrella.❞

❝En términos generales, los beneficios se generan en las capas bajas de la compañía, y la cultura proviene de las altas.❞

CUALQUIERA PUEDE SER UNA ESTRELLA

El objetivo principal de este capítulo es el de que una estrella dirija la compañía o, al menos, que esté presente como la figura principal, pero es muy probable que la compañía pueda beneficiarse de cualquier persona que se convierta en una estrella, siempre y cuando sea fiel a la compañía. Un buen ejemplo podría ser el de Pat Kerr, la azafata de British Airways que fundó un hogar para niños en Dhaka como resultado de sus experiencias con niños pobres en las escalas de sus vuelos. Como resultado de dos documentales televisivos, se convirtió en una celebridad en el Reino Unido, y la publicidad positiva que recibió no dañó a la compañía aérea.

No estoy sugiriendo que los empleados deban utilizar dicha publicidad para hacer una promoción (sin duda no ocurrió en este caso), pero facilitando a un empleado que recibe este tipo de atención por parte de los medios de comunicación la libertad necesaria para hacer lo que sea preciso, sus superiores pueden verse beneficiados por el reflejo de la fama. Tampoco tienen por qué ser obras benéficas, por supuesto. Puede tener un empleado que posea un récord o que sea un atleta de élite, pero que no por ello desee abandonar su carrera. De acuerdo, utilícelo (pero hágalo en unas circunstancias en las que pueda implicarse al máximo).

En cierto sentido, por supuesto, el título de esta sección debería aplicarse a toda su fuerza laboral de primera línea, pues todos ellos pueden y deberían ser estrellas en lo que respecta a sus clientes. Sin embargo, es una extensión asociativa del significado de "estrella", y este componente particular del carisma es lo verdaderamente importante. No obstante, en el próximo capítulo analizaremos cómo hacer que su personal de atención al cliente destaque.

❝Facilitando a un empleado que recibe (...) atención por parte de los medios de comunicación la libertad necesaria para hacer lo que sea necesario, sus superiores pueden verse beneficiados por el reflejo de la fama.❞

❝Toda su fuerza laboral de primera línea (...) pueden y deberían ser estrellas en lo que respecta a sus clientes.❞

6 SON PERSONAS COMO NOSOTROS

En un capítulo anterior, analizamos lo importante que es un componente como el carisma a la hora de lograr que los clientes sientan que usted les conoce. Este factor reporta beneficios recíprocos similares. Cuanto más puedan sus clientes identificarse con su personal como personas reales, más aprecio sentirán por ellos y por la compañía. Inscribir los nombres de las personas en letreritos no es ni siquiera un comienzo, porque las verdaderas personas no llevan su nombre en un letrerito.

LOS EMPLEADOS SON PERSONAS

Espero que no le sorprenda la declaración de que sus empleados son personas. En algunas compañías, el personal podría afirmar que son tratados más como animales amaestrados o como componentes de una línea de producción, pero, por supuesto esto no ocurre en su compañía. Más vale. Una compañía con carisma es apreciada o incluso adorada por sus clientes y el modo más sencillo de lograr esto es que el personal también sea apreciado (o incluso adorado) por los clientes. Sin embargo, es difícil llegar a sentir cariño por un autómata, una unidad mecánica de una línea de producción que escupe un guión mecánico mientras realiza una serie de acciones preprogramadas.

Cuanto más logre que sus clientes vean a sus empleados como personas individuales, como personas reales con las que pueden (y quieren) relacionarse,

❝Es difícil llegar a sentir cariño por un autómata.❞

más oportunidades tendrá de crear esa historia de amor con su compañía. Al igual que con el aspecto de la diversión descrito en el capítulo anterior, existe una ventaja añadida. Cuanto más trate a sus empleados como personas reales, mejor va a ser el trabajo que ellos desempeñen para usted. Los clientes pueden no tener siempre la razón pero, desde luego, en esto no se equivocan.

UNA HISTORIA CON FINAL FELIZ

UN CARTERO EFICAZ

"Nuestro cartero es fabuloso. Cuando comenzó a trabajar en nuestra zona se percató de cuándo recibíamos tarjetas de felicitación por nuestros cumpleaños, y al año siguiente nos las entregó exactamente en el día señalado. Si viene a traer un paquete para el cual necesita nuestra firma y ve que la cortina de nuestro dormitorio está cerrada, vuelve más tarde, aunque sea fuera de sus horas de servicio, para no molestarnos".

El siguiente es otro ejemplo de un buen servicio a un cliente del servicio de correos británico. En este caso, el cartero sabía que un cliente estaba cambiando de domicilio y se aseguró de que su correo llegaba a la dirección correcta, aunque no se especificaba ninguna redirección formal a dicho lugar. Me pregunto si el servicio de correos británico sabe qué estrellas trabajan para él, o si lo valoraría en el caso de saberlo. Sin embargo, lo que sí es cierto es que están dejando pasar una enorme oportunidad. Tienen un representante que acude a la mayoría de las casas todos los días. ¿Por qué no hacer que venda sellos u otros productos de valor añadido?

LAS PEQUEÑAS COMPAÑÍAS VUELVEN A GANAR

Existe otro aspecto por el cual la pequeña compañía goza de una ventaja natural sobre la gran corporación. No sólo es más fácil para ésta conocer a sus clientes, sino que también es más fácil para el cliente conocer a la compañía, en especial a los individuos que están al frente de la misma. "Personas" es la palabra clave. A las grandes compañías, en realidad, no les gustan las personas, y la mayor parte de ellas (si bien existen unas pocas magníficas excepciones) intentan exprimir la vida de la

❝Cuanto más trate a sus empleados como personas reales, mejor va a ser el trabajo que ellos desempeñen para usted.❞

individualidad pues, aparte de otros aspectos, esto facilita las cosas. Si usted puede ver a su personal como un grupo de componentes intercambiables (y yo he conocido a directores de compañías que mantienen este punto de vista literalmente), podrá moverlos de un lado a otro cuando le convenga a su empresa según sus necesidades. Por supuesto, terminará alterando las vidas sociales de las personas así como sus carreras, pero como sólo son piezas de una máquina, ¿qué importa?

Sin embargo, si usted considera que sus empleados son personas con diferentes destrezas y talentos y con necesidades personales, debe trabajar mucho más para obtener el máximo beneficio de ellos. El resultado estará años luz por delante de los mejores resultados que pueda obtener un director que siga la filosofía de las "piezas de una máquina", aunque también deberá prepararse para no dormirse en los laureles. No obstante, ésta no es la única razón por la que la individualidad es suprimida, pues también ofende el sentido de claridad corporativa; la uniformidad tiene un aspecto ordenado, y la individualidad parece más desordenada.

Dicho de esta manera, parece un argumento trivial, pero son los principios básicos de muchas de las reglas y regulaciones con las que a muchas compañías les gusta revestir su empresa. Tomemos el ejemplo de los uniformes. Desde un uniforme militar, pasando por el de una hamburguesería, hasta el traje reglamentario de una empresa, todos están diseñados con un objetivo: eliminar la individualidad y reemplazarla con la igualdad y su claridad implícita. En muchas ocasiones, los individuos encontrarán algún modo de destacar, pues entre los trajes corporativos se librará una competencia secreta para ver quién puede llevar la corbata o los tirante más llamativos. Algunas compañías, como la cadena T.G.I. Friday's, fomentan el hecho de que su personal personalice el uniforme, en este caso con su propia elección de sombreros y una plétora de broches. Sin embargo, el objetivo sigue siendo la supresión de la individualidad.

Esto no termina con la ropa. Algunas compañías estadounidenses todavía sienten aversión hacia los hombres que llevan barba, un extraño mandamiento dados los precedentes históricos; estas compañías nunca contratarían a Abraham Lincoln. No es que ellos tengan algo contra el vello facial, pero huele demasiado a individualidad, y en el caso del personal de atención al cliente en particular,

❝A las grandes compañías, en realidad, no les gustan las personas. ❞

❝La uniformidad tiene un aspecto ordenado, y la individualidad parece más desordenada. ❞

parece como si se quisiera igualar a todos para que representen al clon de la persona ideal.

Compare esto con la pequeña compañía. Lo más probable es que usted, como cliente, conozca a los individuos que trabajan en ella, que tienen su propio estilo de vestir y su apariencia, y también su propio comportamiento y rasgos individuales y distintivos de su personalidad. Es posible que a usted no le guste alguna de estas cosas, que es el riesgo de la pequeña compañía, un riesgo que la gran compañía elimina, pero para eliminarlo tira lo más valioso a la basura, porque los rasgos individuales y característicos de la personalidad son lo que nos permite identificar a otras personas, apreciarlas y relacionarnos con ellas.

También ayuda que en la pequeña compañía haya menos personas, pues el extenso número de empleados de las grandes corporaciones dificulta que se pueda mantener una verdadera relación con la plantilla, a no ser que cada cliente tenga un representante personal, como ya se ha sugerido previamente. Por ejemplo, compare el bar local con el T.G.I. Friday's más cercano. Tras haber entrado en cada uno de ellos una docena de veces, el estado de la relación será completamente diferente. A pesar de la personalización del uniforme, el personal de T.G.I. Friday's tiene básicamente el mismo aspecto. Incluso si tuviéramos la oportunidad de ser atendidos por el mismo camarero en cada visita, nos resultaría difícil distinguirlo. En el bar, el modo de vestir característico y el estilo conversacional de la camarera pronto crea una relación fluida, y tras media docena de visitas, comienza a llamarnos por nuestro nombre.

Aunque un número elevado de personas puede presentar algunos problemas, no existe razón por la cual las grandes compañías no puedan conseguir tener un ambiente similar al de las pequeñas compañías, así como sus beneficios en el sentido de que los clientes conozcan más al personal, como veremos en el resto de este capítulo.

> 66En el caso del personal de atención al cliente en particular, parece como si se quisiera igualar a todos para que sean el clon de la persona ideal.99

> 66Aunque un número elevado de personas puede presentar algunos problemas, no existe razón por la cual las grandes compañías no puedan conseguir tener un ambiente similar al de las pequeñas compañías.99

LETRERITOS IDENTIFICATIVOS

Entre en la mayoría de las compañías con personal de atención al cliente uniformado y verá sus nombre escritos en letreritos, a menudo acompañados por un mensaje como "estoy aquí para ayudarle" o "que tenga un buen día". Existe algo particularmente extraño en estos intentos de individualidad de la mayoría de los uniformes, pues en lugar de fomentar la creación de una relación natural, casi aseguran que esto no ocurrirá, lo que supuestamente no es, en absoluto, la intención de la compañía. Usted puede ser tan amable como quiera, pero llame a una camarera con la que nunca ha tenido una interacción social llamándola "¡María!" después de haber visto su nombre escrito en un letrerito y no estará estableciendo una conversación normal, sino la relación condescendiente amo-sirviente típica de la era victoriana. Además, no habrá una base igualitaria porque ella no sabe su nombre. Carece absolutamente de naturalidad.

Esto no ha pasado inadvertido. En los lugares donde esto se lleva a la práctica, como en restaurantes donde el cliente es acompañado hasta su mesa por un acomodador, se suele realizar un intento por llevar a cabo una presentación más natural. Así, dirá "Ésta es María, que les va a atender hoy". La teoría es que ella le ha sido presentada, de modo que ahora puede pensar que existe una relación, si bien superficial. Sin embargo, la apertura ha sido sólo unidireccional. Sería interesante observar la reacción si María respondiera "¡Hola! ¿Cómo os llamáis?" y llamara a sus clientes por sus nombres. Puede que esto ocurra en algunos restaurantes, pero carezco de *feedback* de ningún caso y desconozco los resultados.

El caso es que en la mayor parte de los lugares en los que el personal de contacto con el cliente lleva letreritos con sus nombres, usted no es presentado, y el efecto normal en el cliente es el de tener la oportunidad de especular cosas como "No le pega el nombre de Kevin" o "¿Qué sentido tiene llevar un letrerito que diga Sr. M. Spackman si nadie va a decirle 'Hola M. Spackman'? Me pregunto qué nombre será M.".

Compare esta situación con mi idea de relación con el cliente: la tienda de un pueblo. Tras una o dos visitas, y siendo ya reconocido como cliente regular, es posible que le pregunten si se ha mudado a la zona o no. Es una buena oportunidad para decir: "Sí, me llamo Brian Clegg, hemos comprado la casa de la colina de la

> **La teoría es que ella le ha sido presentada, de modo que ahora puede pensar que existe una relación, si bien superficial.**

señora Wilson", y de un modo conversacional normal para establecer los primeros pasos de una relación, la dependienta puede decir "¿De veras? Yo soy Silvia, por cierto", o cualquier otra cosa. Como en todas las interacciones humanas, no hay un guión normalizado. Existen miles de modos de averiguar los nombres y comenzar a utilizarlos; lo importante es que parezca algo natural. Podría oír a otro cliente por casualidad llamar a la dependienta por su nombre y en el futuro, cuando proceda, empezar a utilizarlo. No hay necesidad de llevar broches, esto es la vida real.

¿Es posible establecer el modelo de la tienda de un pueblo en una gran empresa? No siempre, pero aunque parezca sorprendente, en muchas ocasiones sí se puede. Cuando se habla por teléfono resulta mucho más sencillo, pues es un medio en el que dar el nombre forma parte del ritual, pero muchas empresas que funcionan de esta manera pierden la oportunidad y no establecen la norma de que sus agentes de relación con los clientes tomen los nombres y los utilicen. En grandes almacenes, los clientes regulares pueden reconocer a menudo a algunos de los empleados, especialmente si permanecen en el mismo departamento. En algunas ocasiones he dirigido una sonrisa a alguna persona con la que me he cruzado por la calle al reconocer a un empleado del supermercado o al cajero de la caja izquierda del banco, pero una vez más, es una oportunidad perdida.

Vea, por cierto, otro ejemplo de la batalla entre la individualidad y la uniformidad. Hubo una época en que un cajero tenía "su" caja física, en la que siempre atendía al público. Esta propiedad individual de la caja hacía más fácil que se pudiera establecer una relación con un individuo. Sin embargo, cuando los cajeros de los bancos comenzaron a ser vistos como componentes intercambiables, se redujeron las oportunidades de ser reconocido. Aunque parezca extraño, la cola única (una única cola por la que se accede a varias cajas) también ha reducido las oportunidades de crear una relación, ya que no es posible acudir a su cajero "favorito", sino que hay que dirigirse al que se le indica. A pesar de las ventajas de estos sistemas de cola en cuanto a la uniformidad y al tiempo de espera, posiblemente mereciera la pena considerar el hecho de desecharlos si lo que usted pretende es dar más personalidad e individualidad a sus empleados.

66Existen miles de modos de averiguar los nombres y comenzar a utilizarlos; lo importante es que parezca algo natural.99

66Esto es la vida real.99

Piense en otros modos por los que pueda hacer que su personal de atención al cliente sea más individual. ¿Es realmente necesario el uniforme? Después de todo, un uniforme no es la única manera de tener un aspecto elegante, y si lo que necesita es tener un uniforme para identificar a los empleados, existen modos más sutiles de hacer esto que no impiden tener una apariencia más individual. ¿Existen otras formas de personalizar su entorno laboral de modo que, al tratar con ellos, sepamos que lo estamos haciendo con una persona? Seguramente, el departamento de diseño corporativo alucinaría con lo que estoy diciendo, pero cierto grado de personalización también puede comunicar un mensaje de humanidad. Sin duda, e independientemente de que usted decida hacerlo o no, los broches deberían ser retirados.

ADIÓS A LOS GUIONES

Su aspecto personal forma parte de la receta de cualquier relación, pero lo que usted dice es otro ingrediente fundamental. Si nos vamos a referir al personal de atención al cliente, lo haremos considerándolos seres humanos que tienen que ser capaces de mantener una verdadera conversación humana, que es la antítesis del guión. Al igual que ocurre con casi todos los desastres relativos al servicio al cliente, los guiones fueron creados con la mejor de las intenciones y con la idea de lograr consistencia en el servicio, asegurándose de que todos los clientes tenían acceso a las ofertas a las que tienen derecho y que eran sometidos al "rollo publicitario" apropiado. Los guiones también pueden cubrirle las espaldas, de modo que cuando ocurre alguna cosa y el cliente expone una queja, usted puede decir: "Se lo advertimos, estaba en el guión". Por desgracia, al tiempo que los guiones ganan consistencia, también pasan a ser consistentemente horribles.

Yo mismo sufrí un buen ejemplo que explica por qué los guiones tienden a destruir las relaciones, en lugar de construirlas. Cogí el teléfono y una voz jovial

66Seguramente, el departamento de diseño corporativo alucinaría con lo que estoy diciendo, pero cierto grado de personalización también puede comunicar un mensaje de humanidad.99

66Al igual que ocurre con casi todos los desastres relativos al servicio al cliente, los guiones fueron creados con la mejor de las intenciones.99

me indicó que no intentaba venderme nada. "Oh, ¿de veras?" le respondí con la falta de entusiasmo que podía esperarse. "Sí", respondió. "Por su voz parece estar lleno de vida", continuó con tenacidad. "¿Cuál es su secreto?" Me vi tan sorprendido que no pude responder. Saltaba a la vista que no estaba lleno de vida. Sonaba tan artificial. No había forma de detenerlo, casi podía oírse el reloj de su cabeza. "¡Seguro que ha pasado un fin de semana estupendo!" En realidad, había dedicado las dos últimas noches a cuidar de un niño enfermo. "No" fue lo que le respondí con brevedad antes de colgar el teléfono.

Incluso el inofensivo menú de una hamburguesería puede dar lugar a un incómodo choque de células cerebrales contra la precisión robótica. Si usted intenta recitar de una vez todos los elementos del menú en su propio orden, el camarero se sobrecargará y continuará como si usted no hubiese hablado, de modo que la conversación se producirá de la siguiente manera: "Dos supermenús Cuarto de Libra con Coca-Cola para llevar, por favor. No quiero ketchup ni ninguna salsa adicional". El dependiente afirma con la cabeza. "¿Qué bebida quiere con los menús?" Usted suspira. "Coca-Cola, por favor". Otra afirmación. "¿Para comer aquí o para llevar?" Está bien. "Para llevar". Un minuto más tarde, cuando ya ha metido todo en la bolsa, dice: "¿Desea ketchup extra o sal?" En lugar de cometer un homicidio justificado, dice "No, gracias", y se va con una sonrisa burlona.

Los menús causan más de un problema. No sólo no son adecuados para todos los clientes ni para todas las situaciones, sino que no se adaptan a todo el personal de primera línea. Si tuviera una oportunidad, cada individuo mostraría un estilo diferente, un modo personal de trabajar que le caracterizaría. Esto no sólo facilitaría que los clientes identificasen a ciertos miembros del personal, sino que también se podría ver que los diversos clientes prefieren estilos de atención diferentes. Unos pueden optar por el servicio más rápido posible, sin adornos; otros pueden querer más conversación, puede haber personas que se inclinen por la informalidad de los jóvenes y en cambio otras personas pueden preferir la

❝Si tuvieran una oportunidad, cada individuo mostraría un estilo diferente, un modo personal de trabajar que le caracterizaría.❞

❝Es la elección del cliente, y todos sabemos que es algo bueno.❞

esmerada atención de los dependientes de más edad. Prescindir de guiones no sólo proporciona al cliente una interacción con un ser humano. Como llegan a conocer a diferentes miembros del personal de primera línea, los clientes pueden comenzar a seleccionar la clase de experiencia que desean. Es la elección del cliente, y todos sabemos que es algo bueno.

Las supuestas ventajas de los guiones son que vencen la incompetencia social del personal y aseguran que se abarcan los puntos clave. Sin embargo, si usted

EL GUIÓN INVISIBLE

En el centro de recepción de llamadas, para proporcionar un efecto similar a la facilidad de palabra de un buen orador, sería útil tener tanto guiones completos como palabras clave. Los agentes tendrían guiones completos, pero utilizarían las palabras clave en sus conversaciones. El modo en que estas palabras clave son representadas depende de sus necesidades. En este ejemplo se muestran palabras clave tanto lineales como en forma de mapa. Si está dispuesto a tomarse el tiempo para elaborarlas y familiarizar a los agentes con ellas, las palabras clave en forma de mapa son mejores, pues es más fácil manejarse con un diagrama como éste (Figura 2), ya que se adaptan mejor a la naturaleza no lineal de la mayoría de las conversaciones. Si los agentes cuentan con una instrucción básica en forma de mapa (que es muy útil para tomar notas cuando se está hablando por teléfono), pueden diseñar el suyo propio para que sea más fácil comprenderlo cuando se utiliza en directo.

El guión

Buenos días/tardes, mi nombre es X y trabajo en BigCo Corporation. Le llamo con relación a su solicitud de más información sobre los productos de aire acondicionado. ¿Le importaría darme más datos sobre sus necesidades?

- ¿A cuántas habitaciones quiere proporcionar aire acondicionado?
- ¿Podría hablarme de las habitaciones de una en una?
- ¿Cómo llamaría a la primera?

emplea a personal socialmente incompetente en estos puntos clave, los puestos en los que se trabaja de cara al cliente, estará cometiendo un error en su contratación (y muy posiblemente con los sueldos que paga al personal de atención al cliente). Si lo que le preocupa es evitar que las cosas se le escapen de entre los dedos, busque alternativas a los guiones. Yo utilicé este ejemplo en el que se proporciona servicio al cliente vía centros de recepción de llamadas, y la Web, en mi libro *The Invisible Customer* (Kogan Page, 2000).

- ¿Cuál es el tamaño aproximado de la habitación?
- ¿Puede darme una aproximación del número y la medida de las ventanas?
- ¿Cuántas personas suelen ocupar la habitación?
- ...

Las palabras clave lineales

Buenos días/tardes

X de BigCo

Solicitud de inf. sobre aire acond.

¿Más datos?

¿Número de habitaciones?

De una en una...

¿Nombre primera?

¿Tamaño primera?

¿Ventanas primera?

¿Ocupantes primera?

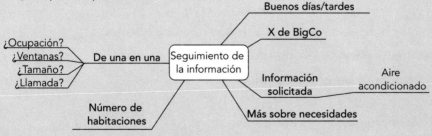

Figura 2   Mapa de palabras clave

La idea es que las palabras clave, especialmente en el formato de mapa visualmente flexible, actúen como recordatorio para que el personal de atención al cliente pueda abarcar los puntos importantes, pero sin que éstas se interpongan en su estilo natural de conversación. Cuando me encontraba escribiendo *The Invisible Customer*, recomendé que los agentes tuvieran guiones completos como ejemplos, pero no estoy seguro de que para una compañía carismática sea una buena idea, pues sugestionará a los agentes sobre el tipo de servicio que se desea, incluso aunque no guarde relación alguna con su estilo natural de conversación. Por el contrario, para el carisma, es más efectivo explorar el mensaje que las palabras clave están intentando comunicar y dejar al agente (o al estilo del personal de atención al cliente implicado) aclararse con ello. En dicho contexto, el mapa mostrado en la Figura 2 contiene demasiados detalles. No hay necesidad de insistir demasiado en aspectos específicos como "Buenos días, soy X de BigCo". Sería mejor generalizar con algo como "saludo y presentación". Si usted se siente más cómodo diciendo "hola", acompañado de una calurosa y sincera sonrisa, es más probable que cause una buena impresión que diciendo "Buenos días".

LOS ENTUSIASTAS EN ACCIÓN

Muchos de nosotros pertenecemos a clubes y sociedades en los que nos mezclamos socialmente con otras personas que comparten nuestros intereses y es natural sentir afinidad por dichas personas. Si estamos buscando modos de conseguir que los clientes se relacionen con el personal de atención al cliente, sería útil que éstos tuvieran intereses comunes con los clientes. De este modo, sería muy natural comenzar una relación básica.

Esta unión de intereses puede provenir de dos fuentes. El personal de atención al cliente puede compartir un interés en el resultado de una negociación, o podría haber algo sobre el cliente que el miembro del personal observa y que le permite

"Si estamos buscando modos de conseguir que los clientes se relacionen con el personal de atención al cliente, sería útil que éstos tuvieran intereses comunes con los clientes."

"Siempre que sea el entusiasmo quien hable, en lugar de que el miembro del personal intente hacer uso de un conocimiento ficticio, la conversación comenzará a fluir."

compartir un entusiasmo común no relacionado con la empresa. Teniendo esto en cuenta, si los clientes acuden en su propio medio de transporte, hay mucho que decir sobre la capacidad de ver al cliente caminar desde su coche o su motocicleta.

El vehículo mismo podría ser un comienzo. Si éste es un medio característico (una Harley o una motocicleta clásica británica, un coche deportivo o una invención del cliente), surge una oportunidad para mostrar entusiasmo. Harley-Davidson, una de las mejores compañías del mundo a la hora de sacar todo el partido a su imagen de marca, ha organizado activamente clubes Harley-Davidson, así como concentraciones especiales en las que los fans pueden darse un atracón de artículos Harley-Davidson. Aunque el miembro del personal no sea un fan en sí, tiene ante sí una oportunidad en la que un poco de interés y educación harán maravillas. Siempre que sea el entusiasmo quien hable, en lugar de que el miembro del personal intente hacer uso de un conocimiento ficticio, la conversación comenzará a fluir.

Cualquier elemento añadido a un coche o a una moto también puede proporcionarle información sobre la persona que lo conduce que podría ser igualmente útil, aunque existe el riesgo de equivocarse bien porque la pegatina de Greenpeace está en el coche que otra persona le ha prestado, o bien porque el símbolo de un pez ya estaba cuando compró el automóvil. Un vínculo más dudoso es el del producto o servicio sobre el que el cliente ha acudido a hablar con usted. De un modo u otro (incluso si se trata de una cuestión de odio), el cliente probablemente sienta algo sobre el producto o servicio o el modo en que

UNA HISTORIA CON FINAL FELIZ
UN AMIGO, DE HECHO

"Debo recomendarle Roger Taylor Classic Cars de Bournemouth, quien me vendió un MGB de hace 24 años. Me recibe personalmente cuando tengo que acudir allí. Todos los clientes que quieren acercarse para ver lo que tiene son bienvenidos. Nada de esto les causa problemas y además sus servicios no son caros. No puedo citar un ejemplo específico, pues toda mi experiencia es la de un amigo que me ayuda con mi afición motorística y que sólo cobra cuando necesita mantenerse en el mercado, de modo que estarán ahí para mí en el futuro".

Esta entusiasta recomendación de un cliente lo dice todo. Ve a la compañía y a sus representantes como amigos, están ahí para él. Esa compañía tiene carisma.

va a ser empleado. A menudo surgirá una oportunidad para recurrir a ello, especialmente si al personal de atención al cliente también le gusta.

Las compañías que se centran en una afición, como el caso de los coches clásicos, pueden encontrar particularmente útil forjar esta clase de relación con un cliente; no obstante, no hay prácticamente ningún producto por el cual no se pueda mostrar algo de entusiasmo, aunque sólo sea por su utilidad. Conseguir tener a verdaderos entusiastas entre su personal de atención al cliente es, por lo general, muy útil. El único peligro posible es que el individuo se deje llevar por el entusiasmo. En una ocasión compré un cortacésped a alguien que podría agotar a cualquiera de aburrimiento hablando de cortacéspedes. Adoraba los cortacéspedes. Yo realmente aprecié el consejo que me dio, y confié en él, pero hubo un momento en el que podría haber recurrido un poco menos a la tecnología y más al proceso de venta. Al final realicé la compra, pero tal entusiasmo puede necesitar cierto freno si se quiere que los clientes realmente disfruten la experiencia.

No obstante, no suponga que, el hecho de que usted sea un entusiasta le va a servir con todos sus clientes. La especialización es inherente al entusiasmo. Usted puede no interesarse por los coches antiguos en particular, pero puede adorar los Austin Sevens. Pueden gustarle mucho los libros, pero siempre que no sean de

UNA HISTORIA DE TERROR

CON EL MORRO TORCIDO

"Al igual que muchas personas mayores de cuarenta años, tengo verdaderos problemas cada vez que entro en una tienda de música. Los gustos musicales son mucho más libres y más eclécticos que hace veinte años, pero todavía sigue habiendo un gran lapsus generacional en los gustos. Esto significa que cuando voy a la caja con un CD me limito a esperar al comentario desdeñoso de un miembro adolescente del personal (su aspecto siempre es el de un adolescente). Está bien, es improbable que vayamos a tener muchos intereses en común, pero un poco de tolerancia no estaría de más. No obstante, no importa si el dependiente no habla con desdén, porque es la actitud que yo espero que va a tener y el efecto es casi igual de negativo".

❝No hay prácticamente ningún producto por el cual no se pueda mostrar algo de entusiasmo.❞

ciencia ficción, de crímenes o románticos. Dicha especialización es correcta, siempre y cuando no se interponga entre sus clientes.

Hubo una vez en que la industria discográfica era mayoritariamente de singles, y el mercado joven dominaba las ventas. Ahora las cosas son distintas, especialmente porque la mayor parte de las tiendas de música vende una selección de artículos mucho mayor, pero los clientes, en una empresa en la que una afición compartida es tan importante, casi siempre representan sólo a una parte minúscula del gusto musical. Ahí reside una oportunidad para alguien. Compárelo con las librerías, donde es bastante frecuente encontrar una gama más variada de edades entre sus clientes.

UN INTERÉS COMÚN

Un interés común y el gozo de relacionarse con un ser humano real, en lugar de ser un clon que se limita a escupir un guión, es suficiente para motivar emocionalmente a su personal de atención al cliente. Sus empleados dejarán de ser

UNA HISTORIA CON FINAL FELIZ
EN LAND'S END

"La compañía de compra por correo Land's End es bien conocida por su política de devolución de artículos sin ninguna excusa, independientemente de cuál sea la razón. Sin embargo, pueden llegar más lejos, dando la clase de respuesta que se espera de una persona real, y no de un vendedor".

"Recuerdo que quise comprar una camiseta y una blusa, pero no podía asegurarme por el catálogo de que conjuntaran bien. Entonces llamé por teléfono y pregunté a la mujer que me respondió si podía averiguarlo. Ella tomó las dos prendas y me dijo lo que pensaba, que una banda de color de una conjuntaba bien con el color de la otra. Es más de lo que se suele esperar en una llamada telefónica".

"En otra ocasión no tenían existencias de un artículo que yo quería. Entonces se dieron cuenta de que, aunque yo soy norteamericano y estaba realizando un pedido a una empresa estadounidense, en realidad vivía en Inglaterra temporalmente, así que contactaron con una filial británica donde sí había existencias y me enviaron una. Muchas compañías simplemente no podrían hacer esto".

❝Crear un interés común no es suficiente, pues lo que se construye es el puente, pero lo que se necesita para cruzarlo es confianza.❞

simplemente "ellos" y tendrán algunos rasgos de "nosotros". Habrán comenzado a ser "personas como nosotros" y la naturaleza extraña de la interacción con una empresa se convertirá en un proceso natural. No obstante, crear un interés común no es suficiente, pues lo que se construye es el puente, pero lo que se necesita para cruzarlo es confianza.

MERECEDOR DE CONFIANZA

Ya hemos visto que la cadena estadounidense Nordstrom tiene una única regla para sus empleados: "Utilice su propio juicio en todas las situaciones". Éste es un ejemplo de la confianza del jefe en su empleado, pero es algo más que eso. Si se hace correctamente, el personal de atención al cliente actuará con integridad, lo que inspirará un vínculo de confianza permanente: la del cliente en el miembro del personal. Si las circunstancias muestran al cliente que su personal es merecedor de su confianza, realmente comenzarán a parecer amigos. Sin confianza, todo lo demás se viene abajo.

Normalmente la confianza se crea mediante una serie de pequeñas interacciones. Esto puede requerir un tiempo, pero perder la confianza es menos evolutivo y más catastrófico. Un incidente puede destruir la confianza por completo, y ésta podría no volver a restablecerse. La interacción más fundamental que puede generar confianza es en la que el miembro del personal lleva a cabo una acción potencialmente perjudicial para el individuo o la compañía, pero que sitúa la relación a largo plazo con el cliente por delante de cualquier ganancia inmediata. Es lo que hacemos continuamente con nuestros hijos. Aquí les mostramos algunos ejemplos comerciales que han ocurrido recientemente:

- Entré en la oficina de correos de nuestra pequeña localidad para enviar un paquete. "Me alegro de verle" dice el dependiente, "la última vez que vino le cobré en exceso. Aquí tiene la vuelta".

- En un incidente similar ocurrido en un restaurante de comida rápida (*véase* la página 44), se me realizó un descuento por un dinero que se me había cobrado en exceso previamente.

❝Utilice su propio juicio en todas las situaciones.❞

❝Sin confianza, todo lo demás se viene abajo.❞

- Compré algo en una pequeña tienda y me di cuenta de que no llevaba suficiente dinero conmigo. "No se preocupe", dijo la dependienta, "págueme el resto la próxima vez que venga". Eso hice, y al poco tiempo.

- Mi esposa y yo entramos en una tienda de artículos deportivos para comprar una tienda de campaña y algunas colchonetas. El dependiente nos indicó que podíamos comprar colchonetas a mejor precio en una tienda de compra por catálogo cercana, pero nos recomendó que no compráramos allí la tienda de campaña porque, aunque eran mucho más baratas, no estaban bien imper-meabilizadas, ya que era una tienda donde había más juguetes que ninguna otra cosa. Compré la tienda de campaña al establecimiento de artículos deportivos y más cosas en el futuro.

UNA HISTORIA CON FINAL FELIZ

DISUADIR AL CLIENTE

"Hace poco tiempo fui a Great Western Cameras en Swindon y pregunté qué cámaras digitales tenían por unas 400 libras esterlinas. Al principio, la respuesta resultó sorprendente. "No le voy a vender una cámara por ese precio", dijo el vendedor. Le iba a preguntar qué tenía de malo mi dinero cuando continuó. "Una de las mejores cámaras acaba de rebajar su precio de 650 a 400 libras. Si vuelve en unos pocos días, podrá llevarse por 400 libras una cámara mucho mejor que la que pueda llevarse hoy. Sinceramente, no le recomiendo comprarse nada ahora".

"Fíjese en lo que hizo: rechazó la oportunidad de realizar una venta inmediata. Como caso aislado es una locura, y por desgracia es algo que los vendedores de muchas tiendas no harían porque el objetivo es vender, vender y vender hoy. Lo que el vendedor hizo fue sopesar el valor de la venta en ese momento y mi fidelidad a largo plazo. Me quedé muy impresionado cuando me dijo que no me iba a vender una cámara ahora, y que si volvía en unos pocos días podría llevarme una mucho mejor. Volveré, y no sólo a por esa cámara, sino a realizar otras compras. Además he contado esta anécdota a muchos otros posibles compradores".

66Realizar una venta significa tirar dicha integridad por la borda.99

66Vender, vender y vender hoy.99

Este último ejemplo describe un ingrediente clave de la integridad en este tipo de relaciones. Lo que se suele esperar de las personas que, después de todo, se ganan la vida vendiendo los productos y servicios de sus compañías es que harán cualquier cosa por realizar una venta. Esta receta para la venta a corto plazo inevitablemente disuadirá a los clientes y evitará que vuelvan a comprar. Es como dar el valor de la vida restante del cliente a quien lo quiera, porque realizar una venta significa tirar dicha integridad por la borda. Sin embargo, en estos ejemplos tan especiales, parece como si el personal de atención al cliente pensara que es más importante que el cliente realice una buena transacción que el hecho de que ellos realicen una venta en ese mismo momento. Veamos otro ejemplo.

Éste es el caso clásico del personal de atención al cliente que sitúan mis necesidades por delante de la necesidad inmediata de realizar una venta. El resultado es un aumento de la confianza en la persona y la compañía que potencia de forma implícita tal comportamiento. Cuando el gurú del marketing Jay Abraham habla de las formas de obtener más beneficios de sus clientes, no está fomentando el hecho de robarles todo lo que tienen, sino de obtener ese negocio a largo plazo que recomienda, asegurándose de que la necesidad del cliente es lo primero y que usted verdaderamente ayuda al cliente, incluso si eso significa reducir sus ingresos provenientes de ese cliente a corto plazo. Como las mejores estructuras, la confianza que usted gana de este modo merece la pena más que el coste que supone construirla.

PERMITIR LA INDIVIDUALIDAD

Ya hemos visto que confiar en su personal es esencial a la hora de darle la capacidad para proporcionar realmente un servicio excelente al cliente (*véase* la página 54), y otorgar a un miembro del personal la autoridad para actuar como individuo forma parte de esa confianza. Si usted realmente confía en el individuo, puede confiar en ellos a la hora de comprender que pueden necesitar mantener algunos aspectos de esa individualidad bajo control con el fin de evitar dañar a la empresa o molestar a los clientes. Usted podría haber puesto su confianza en un miembro del personal que resultara ser naturista y permitirle desplegar su individualidad, pero aún así confiar en que no vendrá desnudo a

"La necesidad del cliente es lo primero."

trabajar sin necesidad de una política de la compañía que especifique que debe llevarse ropa puesta continuamente.

A lo largo de mi carrera directiva, con frecuencia ha habido miembros del personal que eran definitivamente individuales. Ocasionalmente fui acusado por otros directores de desviarme de mi trabajo para coleccionar personas extrañas. Simplemente era mentira; en realidad, no eran personas extrañas. Lo que intentaba hacer era procurarme personal que sabía que podía conseguir mucho más que la media de los empleados. Dichas personas a menudo aprecian realmente su individualidad, y para ganar su respeto debía darles la suficiente rienda suelta, de modo que comprendieran que confiaba en que harían lo correcto. Por ejemplo, había otro líder de equipo que odiaba los trajes y las corbatas. En cierta ocasión le pedí que me sustituyera en una importante reunión. Mi jefe se mostró preocupado. ¿Qué ocurriría si acudía sin corbata? Mientras, personalmente, yo sentía que el mundo no iba a terminarse por esto, le respondí que el líder del equipo tenía un traje y una corbata en su armario para ocasiones como ésta. ¿Debería advertirle de que los llevara? Mi jefe no lo había comprendido. El jefe del equipo asistió a la reunión; llevaba puestos el traje y la corbata.

LA CADENA DEL APRECIO

Los clientes le apreciarán cuando usted aprecie la organización para la que trabaja.

David Freemantle, consultor y autor, en *What Customers Like About You*

Esta cita de David Freemantle es una aterradora consideración para las compañías que creen en que deben sacar a su personal todo lo que puedan. Mientras escribo esto, muchas conocidas compañías estarán limitando duramente a sus empleados. El ambiente de estas compañías es malo y los rumores proliferan. Lo que una vez fueron organizaciones populares con su propio personal son ahora objeto de desprecio y desconfianza. Las buenas palabras que aparecían en los informes anuales ("Las personas son nuestro activo más importante") se han quedado en eso, buenas palabras. De hecho, las personas están demostrando ser su activo más disponible. ¿Y cuál es el resultado de todo esto? Que a medida que aumenta el desprecio del personal hacia la compañía, los clientes también comienzan a mostrarse irritados por el personal y su servicio. Confluyen todas las posibilidades de que se origine una espiral de desastres.

No quiero decir con esto que nunca deba despedir a sus empleados, pues esto en ocasiones es necesario. Sin embargo, las compañías que han conseguido suscitar este sentimiento de desconfianza y disgusto internamente han olvidado la importancia que tiene la individualidad. Ante el temor de ser vistos en los mercados de valores como reductores inexorables de los costes, han tratado a las personas como componentes sin rostro, como cifras de un balance. Además, en el caso de la individualidad, han perdido la confianza. Es como uno de esos molestos juegos en los que un montón de canicas son sostenidas por varillas que hay que separar de una en una. Al separar la confianza de la individualidad, todo el montón puede caer al suelo estrepitosamente.

EL TOQUE PERSONAL

Al permitir la individualidad, ofrecemos a nuestro personal de atención al cliente la oportunidad de convertirse en personas reales, la clase de persona que puede dar un toque personal. Tratar con nuestra compañía no tiene por qué seguir siendo una experiencia insulsa y anónima. El ideal, el de la tienda de un pueblo, es que nos volvamos hacia nuestros amigos y ensalcemos las virtudes de "Juan" o "Sara" o de la persona con quien tengamos que tratar: una persona real que ha dado un consejo, a quien volveremos a acudir y que pone rostro a la empresa. (*Véase* el caso de Hutchison Telecom en la página 61 para observar un buen ejemplo en este sentido).

Algunas veces el cliente necesita un poco de ayuda durante el proceso y casi cualquier empresa puede aportar ese toque personal, al menos, a algunos de sus clientes en algunos momentos. Sería poco razonable que cuando acudiera a cualquier sucursal de mi banco me encontrara en ella a mi cajero personal esperándome, pero no sería poco razonable esperar encontrármelo en mi sucursal habitual. O cuando acudo a una reunión concertada. Recuerde el ejemplo de su médico de cabecera.

Incluso si no puede proporcionar el toque personal a cada individuo continuamente, puede procurar asegurarse de que todas las personas lo obtienen

> **❝Algunas veces el cliente necesita un poco de ayuda durante el proceso.❞**

en la medida de lo posible, y que sus clientes clave lo obtienen en cualquier ocasión en la que traten con usted. Por ejemplo, pensemos en una compañía aérea. Usted no puede esperar tratar con la misma persona en el mostrador de facturación, o ser atendido por la misma azafata en cada vuelo, pero aún así, los clientes que más dinero gastan en una gran compañía aérea pueden llegar a pagar al año hasta 250.000 libras esterlinas. ¿Sería mucho pedir que hubiera una azafata especialmente dedicada a estas personas? Dicha persona trabajaría con normalidad, pero con un requisito en virtud del cual, cuando uno de sus pasajeros clave fuera a volar en un avión en concreto, ésta fuera asignada al mismo vuelo. Siempre habrá ocasiones en que esto no funcione, pero se podría garantizar que hubiera un rostro familiar en, probablemente, la mitad de los vuelos que realiza el cliente. ¿No convertiría esto a su servicio en algo especial?

PERSONAS QUE AYUDAN A OTRAS PERSONAS

Probablemente la diferencia más destacable entre las personas y los empleados es que las personas ayudan a otras personas y los empleados no. Esto parece ser demasiado generalizador, pero hablando en términos generales, las personas dejarán a un lado sus tareas cuando alguien se encuentra en problemas. Por el contrario, los empleados se esconden con demasiada

UNA HISTORIA CON FINAL FELIZ
YO ME ENCARGARÉ DE ELLO

"En una ocasión volé a Los Ángeles para quedarme sólo un día. Había estado despierto casi toda la noche y estaba agotado, pero cuando llegué al hotel no había ninguna habitación, aunque había hecho una reserva. Mientras intentaban solucionarlo, fui a recoger mi coche de alquiler, que también había fallado. En el hotel no me ayudaron en absoluto, simplemente no les interesaba; además el alquiler del coche no era su problema. Sin embargo, la mujer que se encontraba en el mostrador de alquiler de coches se encargó de todo".

66Probablemente la diferencia más destacable entre las personas y los empleados es que las personas ayudan a otras personas y los empleados no.99

"Encontró el número de teléfono del representante de la compañía de viajes con la que había contratado el alojamiento y el coche, se puso en contacto con él y le dijo claramente que sería mejor que se espabilara. Me solucionó el problema del hotel y consiguió un coche con conductor que me llevara hasta el hotel, pues me indicó que pensaba que estaba claramente demasiado cansado como para conducir en una ciudad desconocida. A la mañana siguiente, volvió a enviar el coche al hotel".

"Ella sólo era la encargada de noche de la compañía de alquiler de coches, y la mayor parte de lo que ocurrió no era problema suyo, pero marcó la diferencia".

frecuencia tras sus uniformes y perfiles laborales para decir: "Esto no forma parte de mis tareas". Si puede lograr que su personal se aleje de esta postura, podrá mejorar mucho el servicio al cliente.

Mostrarse reacio a ayudar suele deberse a la falta de confianza que ya hemos identificado como problema. Sería útil saber que ésta es la clase de comportamiento que se espera de usted y por la que se le recompensará, en lugar de ser criticado por su director por el hecho de dedicar demasiado tiempo a una tarea que no es su función principal. Construir esa confianza es importante porque realmente compensa.

El hecho es que una vez que superamos la obsesión de convertir a nuestro personal de atención al cliente en clones uniformados, podemos proporcionar al cliente una verdadera persona con la que puede tratar: un componente esencial del carisma.

66 Una vez que superamos la obsesión de convertir a nuestro personal de atención al cliente en clones uniformados, podemos proporcionar al cliente una verdadera persona con la que puede tratar. **99**

7 ¡SORPRESA, SORPRESA!

La sorpresa puede ser un arma poderosa a la hora de crear carisma, al igual que cualquier otro aspecto de una relación. Es un arma de doble filo porque el tipo equivocado de sorpresa puede ser muy molesto, pero las sorpresas agradables realmente aumentan el entusiasmo de sus clientes hacia su compañía y les animan a comunicar a sus amigos y las personas con quienes se relacionan lo estupendos que ustedes son. Una sorpresa puede ser cualquier cosa desde un cambio mundano, como la reducción repentina de precios, hasta algo totalmente inesperado; el efecto es sorprendentemente poderoso.

NUNCA LO ADIVINARÁ...

La sorpresa es tanto poderosa como peligrosa. El concepto de una fiesta sorpresa es un ejemplo clásico. Cuando sale bien, la repentina transformación de una tarde aburrida en una fiesta por todo lo alto puede ser eufórica. Los organizadores de la fiesta creen claramente que va a ser algo especial, pues de lo contrario no se habrían molestado tanto. Sin embargo, algunas veces el resultado puede ser todo menos agradable. La mecánica de la sorpresa, que a menudo implica un cierto grado de engaño, puede ir mal y ser malinterpretada. Cuando salta la sorpresa, quien la recibe en ocasiones reacciona de forma muy negativa. Probablemente deseaban pasar una tarde tranquila o tenían otros planes. Se supone que se ha hecho por él, pero no es lo que quería.

66La sorpresa es tanto poderosa como peligrosa.99

Al planificar una sorpresa para sus clientes, es importante asegurarse de que estos aspectos negativos han sido previstos y de que se les va a hacer frente. Si se produce algún tipo de mala administración a lo largo de la preparación para asegurar que la sorpresa no es anticipada, debe tenerse cuidado para que no cause irritación y ser muy consciente de la resistencia hacia el cambio de planes. Cuando un cliente tiene una intención determinada, no importa lo emocionante que sea la alternativa que usted propone, pues puede producirse un resentimiento considerable a ser obligado a cambiar. Desde este punto de vista, las mejores sorpresas no necesitan que el cliente no tenga consciencia de su preparación, y no precisan una acción inmediata cuando saltan, pero deben dar al cliente la oportunidad de acostumbrarse a la idea.

CAMBIOS SORPRESA

Se produce una sorpresa cuando las cosas son diferentes de como las esperábamos, de modo que una oportunidad principal para dar a sus clientes una sorpresa positiva es realizar un cambio inesperado en el producto, en la tienda o en cualquier otro aspecto propio de la relación de un cliente y la compañía.

UNA HISTORIA DE TERROR

UNA HISTORIA QUE TRAE COLA

La clase de sorpresa que produce un impacto terrible en el cliente está muy bien ilustrada en la decisión de British Airways en la que anunciaba, a finales de los noventa, que iba a trasformar el aspecto de las naves colocando en las colas de los aviones diferentes dibujos tomados por todo el mundo. Fue un clásico ejemplo en que se escuchó al diseñador, pero no al consumidor. El resultado puede calificarse de desastroso. ▶

❝Ser muy consciente de la resistencia hacia el cambio de planes (...) debe dar al cliente la oportunidad de acostumbrarse a la idea.❞

❝Se produce una sorpresa cuando las cosas son diferentes de como las esperábamos.❞

El razonamiento que se escondía tras este cambio causó un gran alboroto en el Reino Unido, pues las razones alegadas fueron que BA era ahora una compañía global, comprometida con un mercado global, y colocar diseños de todo el mundo acentuaría este rasgo. Por desgracia, esto no era lo que muchos consumidores querían. Desde la ex-primera ministra Margaret Thatcher, los clientes expresaron su gran disgusto patriótico. Sin embargo, probablemente sorprende más que el concepto tampoco fuera bien acogido por los clientes no británicos, pues lo que muchos pasajeros esperaban encontrar al acudir a BA era experimentar su britanidad característica y eliminar esto produjo un caos global sin carácter obvio.

Sin embargo, no fue sólo el razonamiento lo que convirtió esto en una mala idea. El hecho es que las colas decoradas tenían un *aspecto* desastroso. Al ver algunos de los diseños, parecía que artistas de graffiti hubieran entrado de noche en el hangar y hubiesen rociado las colas con sprays. En los aeropuertos, donde el diseño que aparece en las colas de los aviones suele ser lo que identifica a la compañía aérea, las naves de BA se habían convertido en desconocidas sin identidad. El problema es que la compañía aérea sólo había contado con los puntos de vista de los diseñadores. Al igual que una moda de pasarela que suele tener un aspecto ridículo de cara al público, pero que después se modifica para venderla, los conceptos de diseños para su compañía deben ser sometidos a los filtros de la practicidad y la respuesta del público.

Ésta fue la clase de sorpresa que el público nunca aceptaría, y de hecho no lo hizo. En un plazo de dos años, BA volvió a su antiguo aspecto uniforme, pero es triste que la compañía ni siquiera tuviera la cortesía de aceptar que la decisión original había sido un error. Por cierto, advierta que tener en cuenta la respuesta del público no significa dejarse influir por una reacción inicial hacia el cambio, pues esto casi siempre será desfavorable. El cambio previo de aspecto anunciado por BA fue criticado, pero cuando el público vio juntos los diseños viejos y los nuevos, se dio cuenta de que el nuevo diseño Landor tenía una apariencia mucho mejor, haciendo parecer al antiguo como pasado de moda y feo.

Es bueno que las sorpresas sorprendan, siempre y cuando no dejen un mal sabor de boca.

❝Los conceptos de diseños para su compañía deben ser sometidos a los filtros de la practicidad y la respuesta del público.❞

Algunos elementos de un cambio sorpresa casi siempre serán bien recibidos, como una oferta sorpresa que bien pudiera ser un precio rebajado, dos artículos por el precio de uno o más cantidad de producto por el mismo precio. Cualquier cosa que suponga un simple aumento del valor del dinero será inevitablemente bien recibida. No se conoce a ciencia cierta el impacto de otros cambios.

Si no se está seguro del impacto que pueda causar un cambio sorpresa, deberá asegurarse de que lo examina desde el punto de vista del cliente. No se deje influir por los diseñadores o por quienes tengan un interés creado en el cambio. Si es posible, observe lo previo y lo nuevo juntos durante unos instantes. Puede controlar la respuesta del público y darles una oportunidad de ver de qué modo (y si) la vieja versión es en realidad peor que la nueva. Si la respuesta del cliente permanece siendo negativa, prepárese para cerrar el grifo. Los cambios de aspecto normalmente acusan un descontento inicial en el cliente, pero son necesarios para evitar terminar con un aspecto anticuado. Una vez más, si fuera posible, mantenga el viejo estilo en algunos sectores hasta convencer a los clientes. Si su cambio es una mejora auténtica, normalmente necesitará para esto unas pocas semanas.

Algunos cambios sorpresa están diseñados para causar en el cliente cierto grado de confusión. Tomemos, por ejemplo, la técnica de los supermercados de cambiar regularmente la ubicación de los productos. Lo que se pretende con esta idea es exponer a los clientes, que tienden a seguir siempre el mismo camino por el super- mercado, a productos diferentes con el fin de que amplíen sus compras habituales. Esto es correcto, pero una vez más se produce un empate. El hecho de que los clientes tengan un camino habitual significa que esperan acudir al mostrador X y encontrar el producto que desean, pero cuando esto no ocurre, deben buscarlo y esto les irrita, pues tardan más en realizar sus compras. Esto puede beneficiar al establecimiento en el caso de que el tránsito del comprador por el mismo se realice a paso de tortuga, pero no ayuda en absoluto al cliente que tiene prisa.

La difícil decisión desde el punto de vista de la atención al cliente es si éste se beneficia de algún modo de este tipo de cambios. Una respuesta sencilla es que se benefician al ser expuestos a nuevos e interesantes productos que, de otro modo,

66Es bueno que las sorpresas sorprendan, siempre y cuando no dejen un mal sabor de boca.99

no habrían visto, pero si usted necesita comprar patatas desesperadamente, no encontrará consuelo en el hecho de encontrarse con frutas de la pasión o lichis en su lugar. Sería más beneficioso para el comprador, y mejoraría el carisma de su establecimiento, que los productos siguieran estando en los lugares donde se espera encontrarlos. Esto no significa que no pueda haber puestos en los pasillos más frecuentados en los que puede colocar los productos más novedosos, pero la familiaridad del cliente es un fuerte punto de atracción. Una de las razones por las que yo suelo realizar mis compras en un mismo supermercado en lugar de hacerlo en la competencia es que sé dónde está todo. Si acudo a la competencia, no podré encontrar la mitad de las cosas que quiero. Cuanto más pierda el tiempo "mi" supermercado con distribuciones, más probabilidades hay de que yo acuda a la

UNA HISTORIA CON FINAL FELIZ

¡HAN ESCUCHADO!

Molestarse por escuchar a sus clientes hablar de un cambio que no les gusta puede ser un verdadero punto a favor. El fabricante de cereales Kellogg's cambió el nombre de un cereal muy arraigado en el Reino Unido de Coco Pops a Choco Crispies. Al igual que muchos fabricantes, su intención era la de lograr la uniformidad de los nombres de los productos a través de las fronteras internacionales. Sin embargo, el cambio no fue bien recibido y siguió sin serlo durante, al menos, más de un año. No obstante, en lugar de ignorar a sus clientes, Kellogg's organizó una encuesta telefónica utilizando números de teléfono gratuitos. La mayor parte de los clientes votó por Coco Pops, y el viejo nombre fue restablecido. Esto realmente potenció el carisma corporativo de Kellogg's, porque fue una compañía que escuchó.

Compare ahora la hosca postura de la compañía de dulces Mars, cuando la barra de chocolate que siempre se había llamado Marathon en el Reino Unido fue rebautizada con el nombre de Snickers para uniformarlo con el de otros. Con esta iniciativa, Mars puede haber ahorrado dinero y reforzado su imagen como marca internacional, pero a los clientes del Reino Unido no les gustó. Como respuesta, Mars no hizo nada, pero tantos años después, muchos de sus clientes del Reino Unido aún lo recuerdan y se muestran resentidos por el cambio. Ésta es la clase de sorpresa que no gusta a las personas. La implicación es que la imagen de marca global es más importante que el cliente, y éste no es un mensaje sano.

competencia y me encuentre perdido donde quiera que vaya a comprar. No conseguirá que sus clientes se sientan cómodos si consigue que se pierdan.

REGALOS INESPERADOS

Si el cambio es un arma de doble filo, es mucho más difícil equivocarse con los regalos sorpresa. Las rebajas en los precios son apropiadas, y funcionan como un subconjunto de un regalo, pero la mente humana es extraña y casi siempre damos más valor a un regalo que a dinero en efectivo. Esto ocurre con los regalos de cumpleaños y también con los regalos que se hacen a los clientes. Por este motivo, un certificado o cupón es probablemente el menos beneficioso de todos, pues es dinero que sólo puede ser gastado en lugares determinados. Al menos, es lo que ocurre con los cupones de descuento (se descontarán cien pesetas de su próxima compra siempre y cuando ésta se realice de hoy en tres días), si bien no con los cupones de productos o servicios que pueden ser intercambiados por un regalo específico sin tener que realizar ningún pago. Independientemente de que éste sea una comida gratuita o un juguete, dichos cupones (y en especial si incluyen las fotografías pertinentes) pueden ser una poderosa iniciativa.

Estos tipos de sorpresa, por el momento, están infrautilizados. Probablemente los mejores exponentes son las cadenas de hamburgueserías que, frecuentemente, utilizan tarjetas en las que hay que rascar una zona oculta u otros artículos para ofrecer al cliente la oportunidad de tener suerte y ganar una sorpresa cada vez que acude a uno de estos establecimientos. Ésta es también un arma eficaz como correo masivo, aunque con una salvedad. Todos conocemos el buzoneo masivo que anuncia que usted (¡sí, usted!) ha sido seleccionado para ganar un magnífico premio misterioso, lo que inevitablemente suele ser un exprimidor de limones de plástico o algo igualmente inútil. Los regalos sorpresa deben despertar el interés

66La familiaridad del cliente es un fuerte punto de atracción (...) No conseguirá que sus clientes se sientan cómodos si consigue que se pierdan.99

66Los regalos sorpresa deben despertar el interés del cliente, no su cinismo.99

del cliente, no su cinismo. Con una base de clientes cada vez más sofisticados, debe tenerse cuidado para no ser demasiado condescendiente con regalos y hay que asegurarse de que se destinan de forma adecuada.

UNA HISTORIA CON FINAL FELIZ
LA INICIATIVA DE LAS PALOMITAS

En este ejemplo, el regalo sorpresa es muy práctico para los padres.

Roush Hardware de Dublin (Ohio) es un establecimiento de una pequeña localidad que prospera a pesar de la competencia de las grandes empresas. "Lo primero que se ve al entrar es una zona más elevada, como el púlpito de una iglesia, donde siempre hay una persona dispuesta a ayudarle. Si parece que está teniendo problemas, le preguntan continuamente: '¿Puedo ayudarle a encontrar algo?'".

"Como mujer, siempre me siento como una boba cada vez que pido ayuda en un establecimiento de hardware. Expliqué en Roush exactamente lo que quería y ellos lo analizaron paso a paso conmigo, tomando notas de lo que debía comprar. Me explicaron cuáles eran las opciones y dijeron que les llamara si necesitaba ayuda. Además, si había algo que no necesitaba, podía devolverlo. Allí las personas son muy entendidas y ayudan de forma proactiva".

"Además hay una máquina de palomitas de maíz para mantener a los niños entretenidos mientras usted soluciona sus asuntos. Es justo como debe ser la tienda de la esquina".

SORPRENDER A LOS CLIENTES OLVIDADIZOS

Los regalos pueden ser especialmente útiles a la hora de sorprender a los clientes que parecen haberse olvidado de usted. Resulta increíblemente fácil para un cliente olvidarse de usted, porque así es la naturaleza humana. Utilizamos una tienda, un restaurante o un servicio con regularidad, pero por una u otra razón

"Los regalos pueden ser especialmente útiles a la hora de sorprender a los clientes que parecen haberse olvidado de usted."

nuestra asiduidad desciende porque deseamos cambiar o simplemente no nos molestamos en volver.

Dichos clientes representan una gran oportunidad. Suponiendo que han tenido una experiencia previa razonable con usted, y especialmente si ésta ha incluido un toque de carisma, será mucho más fácil hacerles volver que intentar captar clientes completamente nuevos, así que sorpréndales. Envíeles un cupón válido por una comida gratuita o una pequeña compra, o bien proporcióneles gratis el próximo servicio. Podría parecer un gasto innecesario, pero un pequeño (en términos del valor potencial de su vida) gasto reportará grandes beneficios si consigue que vuelvan y retenerlos, y todos los datos muestran que una proporción sorprendentemente grande de antiguos clientes volverá y seguirá haciéndolo.

Se necesitan dos cosas para hacer esto: valor para arriesgarse y una base actualizada de sus clientes. Si no está preparado para arriesgarse, y desde luego ésta sería una buena ocasión, entonces no debería tener una empresa. Si no tiene una base de datos de clientes (por medio de la cual pueda identificar a los clientes que dejaron de acudir a su establecimiento hace un año), es hora de conseguir una.

LA CREATIVIDAD ES *SEXY*

Teniendo en cuenta la idea de que la sorpresa es algo diferente de lo que se esperaba, la creatividad es un elemento importante en este componente del carisma. Durante gran parte de nuestras vidas funcionamos de modo rutinario, recorriendo un camino familiar y muy trillado. Esto es suficiente si no se necesita más, pero representa una férrea restricción si impera una necesidad de cambio. La creatividad significa ver las cosas de modo diferente de "la forma en que siempre lo hemos hecho", y es la fuerza que reside tras la sorpresa.

La postura más popular cuando se intenta preparar una sorpresa, o cualquier otra idea empresarial, es el *brainstorming*, aunque es una verdadera lástima, pues no es un modo particularmente eficaz a la hora de generar ideas. El inventor del *brainstorming*, Alex Osborn, nunca tuvo la intención de utilizarlo de este modo, sino que lo veía como parte de un proceso en dos etapas. La primera (que

> 66La creatividad significa ver las cosas de modo diferente; es la fuerza que reside tras la sorpresa.99

no suele llevarse a cabo), era utilizar una técnica que le sacara de su rutina, haciéndole pensar de un modo diferente y generar nuevas ideas. La segunda etapa era utilizar el *brainstorming* para cotejar, combinar y potenciar estas ideas. Es más bien como esperar que una pistola dispare sin gatillo; sólo con el *brainstorming*, no se puede poner el proceso en marcha.

Por suerte, Osborn y sus sucesores produjeron una amplia gama de técnicas que estimularán repetidamente y, con precisión, el pensamiento creativo. Una técnica de creatividad típica expulsa a los participantes de los hilos de pensamiento convencionales y los dirige en una nueva dirección. Como ejemplo, una de las técnicas originales de Osborn fue inversa. Esto se realiza tomando un aspecto fundamental de la necesidad para invertirlo. Si se observan las implicaciones de la inversión, podrá ver las nuevas posibilidades en el mundo real. Supongamos que usted está buscando nuevos modos de comunicarse con sus clientes. La inversión podría cuestionar: "¿Cómo puede evitar que se produzca comunicación con sus clientes?". Con una serie de posibilidades exploradas, estas opciones se examinan para ver sus implicaciones en la necesidad real. Por ejemplo, un modo en el que podría evitar la comunicación es colocándose una bolsa de papel en la cabeza. Esto podría hacerle pensar en una serie de opciones de comunicación, como poner mensajes en las bolsas de la compra (por ejemplo, detalles de una próxima campaña), imprimir mensajes en gorras (para que las lleve el personal o para dárselas a los clientes), poner una bolsa de papel gigante en la tienda con el mensaje escrito en ella, enviar una bolsa de regalos a sus clientes para comunicarles el mensaje, etcétera.

Éste no es el momento adecuado para examinar la creatividad. Existen varios libros que tratan sobre este tema en la bibliografía que aparece en la página 212; un buen libro general para comenzar es *Imagination Engineering* (Brian Clegg y Paul Birch). Sin embargo, el asunto es que la creatividad es una parte esencial

❝Una técnica de creatividad típica expulsa a los participantes de los hilos de pensamiento convencionales y los dirige en una nueva dirección.❞

❝Si quiere tomarse su creatividad seriamente, necesita realizar un esfuerzo consciente para potenciarla.❞

de éste y algunos otros componentes del carisma, y no es suficiente con anhelarla o con realizar un *brainstorming*. Si quiere tomarse su creatividad seriamente, necesita realizar un esfuerzo consciente para potenciarla.

SER DIFERENTE

UNA HISTORIA CON FINAL FELIZ
NORDSTROM ES DIFERENTE

Todo el mundo comenta que los establecimientos Nordstrom son los "Reyes de la Atención al Cliente". En una ocasión, me encontraba de compras con mi hijo y le compré un par de botas Doc Marten's, las botas de moda entre la población de unos once años de edad. Se probó varias tallas y, por accidente, introdujimos en la caja una bota de la talla 36 y otra de la talla 37. Nos fuimos con nuestra compra sin percatarnos del error hasta que una semana después, estando en casa, nos dimos cuenta del fallo, pero yo ya había tirado el recibo y la caja y no tenía ninguna prueba de ningún tipo que asegurase que las botas habían sido compradas en Nordstrom. Volvimos a la tienda e inmediatamente aceptaron las botas y, encima, había tres dependientes buscando para mí un par de botas de la talla que usaba mi hijo. Fue el tipo de experiencia que me hace querer comprar el calzado de toda mi familia en Nordstrom.

El caso de Nordstrom demuestra que la sorpresa no tiene por qué ser extrema o deslumbrante. En este caso, la sorpresa es simplemente ser diferente del resto de las tiendas. Sabemos que si devolvemos productos sin la caja y sin el recibo de compra, se producirá una confusión, pero en Nordstrom no. ¡Sorpresa!

Como la sorpresa se refiere a expectativas frustradas, una sencilla postura hacia la generación de la sorpresa es la de diferenciarse de su competencia y desafiar las expectativas de un tipo particular de empresa. La forma exacta en la que variará esa sorpresa cambiará enormemente de una empresa a otra. Como

> **❝Una sencilla postura hacia la generación de la sorpresa es la de diferenciarse de su competencia.❞**

ejercicio en la exploración de la sorpresa, dedique unos instantes a apuntar los atributos clave de su empresa. ¿Qué es lo que todo el mundo espera de una compañía como la suya? ¿Existe algo que pueda utilizar? Finalmente, deje su mente vagar entre las diferentes experiencias agradables desde el punto de vista de sus clientes. ¿Existen aspectos de las formas en que sus clientes disfrutan que puedan trasladarse a su compañía y al servicio al cliente?

Veamos un ejemplo concreto: una sociedad contable. Sus atributos clave podrían ser la fiabilidad, la oportunidad, la profesionalidad y la confidencialidad. Ahora piense en actividades no relacionadas con ésta, como una tienda de helados, una funeraria y una agencia de publicidad. Algunos atributos escogidos al azar podrían ser la inteligencia, la variedad, la popularidad entre la población joven, la intimidad, un servicio de 24 horas, la energía o la originalidad disparatada. Piense entonces en la aplicación de estos atributos a la contabilidad. Algunas veces la aplicación podría ser directa. Por ejemplo, muchas pequeñas empresas realizan su trabajo administrativo por las tardes y en los fines de semana; una línea abierta las 24 horas podría ser muy beneficiosa para estos clientes. En otras ocasiones los atributos podrían ser indirectos. Usted podría no dirigirse a un mercado de población joven, pero si se percata de que un gran porcentaje de sus clientes podrían ser madres trabajadoras con hijos, ¿qué podría ofrecer para mantener a los niños entretenidos mientras sus madres van a verle?

Si aplicamos a este ejemplo el paso final de examinar a qué dedican los clientes su tiempo libre, es posible que muchos de los clientes de la sociedad contable lo empleen en jugar al golf. ¿Qué les gusta de ello? Probablemente el ejercicio, la oportunidad de olvidarse del teléfono o de relacionarse con sus colegas. Usted podría entonces efectuar cambios para hacer que su empresa sea más atractiva en este sentido. O, una vez más por asociación indirecta, si su intención fuera alejarse del teléfono móvil, ¿podría ofrecer servicio bursátil de última hora por medio del buzón de voz de los teléfonos?

Los detalles no son realmente lo importante. Una y otra vez cuando observamos a la ventaja competitiva, los expertos toman partido por la diferenciación

❝Una y otra vez cuando observamos a la ventaja competitiva, los expertos toman partido por la diferenciación como un factor principal.❞

como un factor principal. Buscando oportunidades explícitamente para marcar la diferencia de las expectativas estándar de su empresa, puede destacar sin esfuerzo. Además, el elemento de la sorpresa potenciará el sentimiento de sus clientes de que su compañía tiene algo especial. Ésta es una compañía que no se aferra a lo cotidiano, sino que continuamente proporciona sorpresas agradables.

SER DIVERTIDO

Como ya hemos visto al analizar la realidad de tener una estrella que encabece la compañía, tradicionalmente se ha producido un difícil emparejamiento entre las empresas y la diversión. Independientemente de que esto suponga una grave ofensa a la ética laboral anglosajona y protestante o algo completamente diferente, la diversión es algo que la mayor parte de las empresas que no pertenecen al mundo del entretenimiento evitan. Podríamos hacer que los clientes se sintieran cómodos en nuestros bancos, supermercados o consultorías (o, al menos, reducir la incomodidad), sin embargo surgen pocas oportunidades en las que el cliente pueda pasar un buen rato.

UNA HISTORIA CON FINAL FELIZ
OBRAS MAESTRAS DE FELPA

"Siempre me quedo asombrado por el servicio de atención al cliente de Disneyworld. El pasado octubre nos alojamos por primera vez en uno de los hoteles que se encuentran en sus instalaciones. La camarera construía pequeños animales con las toallas de mano (un perro, un conejo, etcétera) y muchos otros que se elaboraron durante nuestra estancia; incluso había monos colgando de una cuerda y tenían pegatinas con forma de ojos. Nuestros hijos le dejaban notas de agradecimiento; de hecho, siempre estábamos deseando volver a la habitación para ver qué había hecho ese día. Puede ser un detalle insignificante, pero es el detalle lo que cuenta".

66Tradicionalmente se ha producido un difícil emparejamiento entre las empresas y la diversión.99

Sólo ocasionalmente esto es algo muy sensato. Algunas empresas donde se tratan los aspectos tristes de la vida no son los lugares donde queramos pasarlo bien, pero existen muchos otros donde podemos divertirnos sin que, por ello, se degrade la función de la empresa. ¿Por qué no podrían algunas de las experiencias cotidianas de los clientes ser más divertidas?

Al emplear una táctica de sorpresa como ésta, recuerde que no hay una que se adapte a todos. Con demasiada frecuencia, se supone que la clase de diversión dirigida a niños de cinco años (como personajes disfrazados que les tiran globos y los cubren de barro) también es apropiada para cualquier cliente, pero esto no tiene por qué ser así. Sin embargo, también merece la pena señalar que el humor y la diversión son reacciones instintivas, de modo que no debería ser muy sorprendente que, con frecuencia, sea menos intelectual de lo que podríamos esperar.

Por este motivo, la diversión no siempre equivale al humor. Puede tratarse de pasar un buen rato en lugar de una tarde aburrida, buscando modos de hacer que ir al banco se parezca más a tomar un café con los amigos, o que ir al supermercado parezca más pasear por un bazar oriental. Las posibilidades existen siempre que se cuente con la creatividad apropiada, y ¿qué mejor sorpresa que la que convierte una necesidad normal y rutinaria en algo divertido?

❝Al emplear una táctica de sorpresa como ésta, recuerde que no hay una que se adapte a todos.❞

❝La diversión no siempre equivale al humor.❞

❝¿Qué mejor sorpresa que la que convierte una necesidad normal y rutinaria en algo divertido?❞

8 MARAVILLA DE LA TÉCNICA

Si existe algún tipo de sexismo en el carisma, es el dirigido particularmente hacia los hombres. Hay algo muy atrayente en las maravillas de la técnica y en la capacidad de crear productos alucinantes. A menudo es una difícil lección para el fabricante "yo-también", pero las compañías como Sony han demostrado que tendrá éxito.

ALUCINANTES

Algunas veces sólo tiene que mirar a un producto para exclamar: "¡Uau!". Debe conseguir uno de esos. No importa lo que haga o si va a utilizarlo o no, pero se le ha metido entre ceja y ceja y le está diciendo "cómpreme". Para muchas personas (y parece que en especial para los hombres), los aparatos, artilugios y la tecnología punta tiene una fascinación completamente desproporcionada a su valor real. Hay quien puede alegar que la industria espacial es básicamente un juego para niños grandes, lo último en productos alucinantes.

Tomemos un sistema de posicionamiento por satélite GPS. Uno de esos pequeños y prácticos dispositivos le dirá exactamente en qué lugar del mundo se encuentra, con un margen de error de sólo unos pocos metros. Aunque puede ser muy eficaz para la navegación si está conectado a un sistema de mapas computerizado, el dispositivo GPS por sí solo no tiene ninguna utilidad para la mayoría de nosotros. Sin embargo, casi todos los hombres oyen cánticos celestiales cada vez que se topan con un aparato que les dice de forma seductora: "Me deseas".

> **❝Algunas veces sólo tiene que mirar a un producto para exclamar: "¡Uau!". Debe conseguir uno de esos.❞**

Algunas veces los super-artilugios de hoy en día se convierten en algo cotidiano, y otras permanecen en el grupo de lo disparatado. Sin embargo, hay una serie de aparatos que entra directamente en esta categoría. Si nos fijamos en los últimos veinte años, los productos alucinantes de éxito asegurado han incluido a las computadoras personales, los relojes digitales (no, en serio), los CD, los Walkman, el minidisk, los teléfonos móviles, los televisores de pantalla gigante... etcétera. Algunos son productos mundanos, pero la versión refinada de los mercadillos está llena de artilugios fascinantes. Otros añaden una variante a lo corriente. Por ejemplo, no hay nada de especial en un reloj por sí mismo, pero si este reloj es puesto en hora por un reloj atómico mediante ondas de radio, y siempre marca la hora exacta, tendrá consigo el éxito asegurado. Incluso la tecnología poco avanzada puede crear un super-aparato exitoso, que bien puede estar representado por la radio de cuerda.

Compañías enteras, tanto las compañías de venta por correo como los puntos de venta al por menor, se especializan en el placer que producen los aparatos. En ocasiones, estas compañías se equivocan, confundiendo los trucos publicitarios con los aparatos. Por ejemplo, un increíble chisme de plástico que sirve para quitar los corazones de las manzanas podría ser muy útil (quizá), pero carece del toque de los productos alucinantes. No obstante, no se preocupe si la suya no es esa clase de compañía. Tampoco lo son Sony ni Nokia o Braun, y esto no les impide producir un sinfín de modernos aparatos.

EL SÍNDROME DEL PILOTO

Uno de los aspectos fascinantes de la pretensión de atraer a los amantes de los aparatos es que algunas de las reglas clásicas del diseño se desechan. Yo denomino a esto el síndrome del piloto. Hace muchos años, cuando todavía me dedicaba ocasionalmente a diseñar programas informáticos, trabajé con un grupo de pilotos para crear el prototipo de un software que pudieran utilizar para realizar viajes alrededor del mundo. Se trataba de un software que podría

66La versión refinada de los mercadillos está llena de artilugios fascinantes.99

66Uno de los aspectos fascinantes de la pretensión de atraer a los amantes de los aparatos es que algunas de las reglas clásicas del diseño se desechan.99

utilizarse desde casa. Mi inclinación natural fue la de elaborar un diseño lo más sencillo y claro posible, pero no les gustó el resultado.

Entonces, a modo de experimento, introduje grandes cantidades de información y de controles en una única pantalla, mucho más de lo que normalmente se consideraría aceptable en una buena interfase de usuario. Les encantó. Aunque yo no tenía datos científicos para respaldar mi teoría, sospecho que los pilotos, habituados a interactuar con el vasto conjunto de interruptores y esferas de la cabina de un avión, realmente querían una interfase de usuario más compleja. Les gustaba recibir montones de información a la vez, con cantidades de controles disponibles de inmediato. Era a lo que estaban acostumbrados y les gustaba.

En cierta medida, este síndrome del piloto se extiende al campo de los aparatos. Las reglas habituales del diseño a veces deben dejarse de lado. Aunque las líneas elegantes del equipo estéreo de Bang & Olufsen son muy llamativas (y podrían ser incluidas entre los productos de diseño clásico a los que nos referíamos en la página 68), no tienen lo que se necesita en el mundo de los artilugios. Para observar el síndrome del piloto en acción, sólo tiene que fijarse en un hombre y una mujer mirando los relojes del escaparate de una joyería.

Muchas mujeres preferirán los finos diseños minimalistas que, con suerte, llegan a decirle la hora, pero una cantidad sorprendente de hombres se sentirán atraídos por grandes y gruesos relojes, no tanto por su peso varonil como por el hecho de que tienen quince esferas distintas, pueden medir la presión barométrica y pueden ser utilizados como mando a distancia del televisor. Incluso los hombres cuya condición social les ha inclinado a apreciar relojes finos y elegantes, sentirán una punzada de anhelo ante un reloj dotado con un cronómetro que tenga una precisión de una centésima de segundo o un reloj capaz de descargar los apuntes diarios almacenados en su computadora.

No es necesario que recurra al síndrome del piloto cuando llame la atención de los pilotos utilizando dispositivos, pues con una funcionalidad adecuada y un diseño sencillo también se puede convencer a los clientes. Sin embargo, antes de desechar el botón del reproductor de CD que divide las pistas automáticamente para que puedan ser grabadas en ambas caras de una cinta magnetofónica (mi reproductor de CD tiene este botón), debe tener en cuenta que esta anomalía

> 66Un deleite particular en el uso de los aparatos para hacer que los clientes se interesen por sus productos es dirigirse a un sector del mercado que incluso antes no existía.99

se produce. Probablemente los fabricantes de vídeos que fabrican mandos a distancia con una versión sencilla en un lado y una versión más compleja en el otro hayan captado la idea adecuadamente.

NO SABEN QUE LO QUIEREN

Un deleite particular en el uso de los aparatos para hacer que los clientes se interesen por sus productos es dirigirse a un sector del mercado que incluso antes no existía. Los clientes no preguntarán por su artilugio e incluso no van a valorar necesariamente lo que puede hacer por ellos hasta que lo vean en acción, pero cuando la noticia se propague, descubrirán que es algo que han deseado durante toda su vida.

Un buen ejemplo de esto es el Walkman. Aunque hay algunas pruebas históricas de que el Walkman se inventó cuando un ejecutivo llegó con un trozo de madera del tamaño de un Walkman y dijo: "Constrúyame algo de este tamaño que pueda utilizar para escuchar música". Me gusta imaginarme al equipo de investigación y desarrollo realizando una presentación al consejo. "Hemos inventado el Walkman" dicen ellos. "Ah, sí", responden los miembros del consejo, "¿y qué es eso?". El equipo de investigación explica: "Bien, pues es un reproductor de casetes. Puede sujetarse al cinturón del pantalón y escuchar música a la vez que se camina".

Los miembros del consejo, pensando en el típico reproductor de casetes de la época, con un tamaño la mitad de grande que una maleta, no tardaron en considerar la propuesta. "De modo que tenemos una grabadora de casetes, pero que no graba. ¿Y usted cree que las personas van a sujetárselos y salir con ellos? No funcionará. Abultará demasiado, pesará y las personas no querrán molestar con su música a los demás. Encima, todos quieren que graben. Además, ¿quién va a querer escuchar música mientras camina? Nunca nadie ha pedido algo así. Nadie. De todos modos, no podemos programar un producto completamente nuevo en la línea de producción hasta dentro de tres años". Por suerte, Sony no trabaja de este modo.

Cuando usted se enfrenta a un nuevo aparato, puede desechar toda su investigación de mercado porque sus clientes, en realidad, no saben que quieren algo. Lo que usted desea es poder generar una sensación de sorpresa para que sus ojos se abran y digan a sus amigos: "Es genial". Una de las ventajas de este efecto, "nadie sabía que lo quería", es que el producto tiene más oportunidades de ser anunciado en los medios de comunicación habituales. Un teléfono móvil no

"Cuando usted se enfrenta a un nuevo aparato, puede desechar toda su investigación de mercado."

tiene interés periodístico, pero un teléfono móvil en cuya pantalla aparece un locutor animado (o lo que sea) sí lo tiene.

LA CREATIVIDAD TÉCNICA TAMBIÉN ES *SEXY*

Cualquier cosa que se haya dicho sobre la creatividad en el capítulo anterior puede también aplicarse al campo técnico. Las técnicas y metodologías de la creatividad pueden ser increíblemente eficaces tanto en el desarrollo de nuevos productos como a la hora de dar un giro nuevo a un producto viejo. Aunque un aparato puede atraer por puro y simple síndrome del piloto, normalmente lo que llama la atención es que contiene algo nuevo. Esta innovación debe provenir de algún lugar, y es la innovación lo que introduce el producto en la zona carismática.

Tenga en cuenta que la creatividad aquí, y en otros lugares, puede encontrarse en el hecho de ver algo cotidiano en un lugar diferente. Tomando una idea de un sector industrial, tecnología o un producto diferentes, puede producirse la clase de innovación tecnológica que introduce un aparato en la imaginación y la afectividad de un cliente. Algunas fuentes, como la tecnología espacial o la informática, son aplicables mediante una amplia gama de aplicaciones, desde las linternas a los teléfonos. No obstante, no se limite a fuentes de alta tecnología. La invención del aplicador de desodorante *roll-on* se inspiró en los bolígrafos y algo que usted pueda ver en un criadero de plantas puede aplicarse a una nueva gama de artilugios del hogar. Las oportunidades para la creatividad son enormes, siempre y cuando nos tomemos la molestia de hacer algo.

UNA BUENA PLANIFICACIÓN

Para tener éxito con un aparato, debe ser capaz de predecir por adelantado (o, por lo menos, intentarlo) qué es lo que va a llamar la atención del consumidor, trazar los productos que gustan en las fases de diseño y desarrollo. Nadie va a hacerlo bien todas las veces. Sir Clive Sinclair fue un héroe para los apasionados de los aparatos con sus minúsculas radios del tamaño de una caja de cerillas y pequeñas y asequibles computadoras. Sin embargo, su micro-coche eléctrico C5 no logró

66 **La creatividad puede encontrarse en el hecho de ver algo cotidiano en un lugar diferente.** 99

66 **Las oportunidades para la creatividad son enormes, siempre y cuando nos tomemos la molestia de hacer algo.** 99

alcanzar este factor. No obstante, los fallos no deben considerarse algo negativo. Puede diseñar productos con más probabilidades de aceptación que otros, pero parte del proceso debe ser el aprendizaje desde el fracaso y el avance. La marca de éxito en este mercado es simplemente el tiempo que se tarda en sacar un producto al mercado, el fracaso, el aprendizaje desde ese fracaso y seguir adelante.

El árbitro más importante respecto a lo mucho o poco que va a gustar un producto es la intuición. No tiene sentido intentar ser completamente lógico; no puede decir: "El producto X fue estupendo, el producto Y fue estupendo y el producto Z fue estupendo, de modo que vamos a construir un artefacto que sea una combinación de los tres". Esta clase de enfoque lógico podría haberse utilizado para concebir opciones, pero la decisión debe provenir de la intuición. El objetivo no deben ser las cifras, sino un verdadero sentimiento por el modo en que el público va a reaccionar. Grabe un vídeo de un producto y de su uso y expóngalo en un escaparate. ¿La visión del producto en el escaparate provoca la reacción de entrar rápidamente y comprar uno? ¿El usuario parece o se siente estúpido? ¿Le hace sentir envidia la visión de alguna persona con el producto? Someta a este test a personas que no estén involucradas con el desarrollo del producto; serán menos parciales.

Es difícil imaginar que el C5 fuera sometido a un test como éste. Sólo hay que fijarse en alguien conduciéndolo entre el tráfico para darse cuenta de los problemas y desde luego, eso sí que no mola.

Un recurso que puede ser muy eficaz para realizar una buena planificación es la respuesta de los críticos profesionales. La mayor parte de las revistas tienen críticos que analizan los productos antes de que finalice su fabricación y escriben un artículo sobre ellos para sus revistas. Consiga un grupo de críticos e implíquelos en el proyecto desde las fases más tempranas (previo documento firmado de confidencialidad) y solicíteles *feedback*. Observe cuánta competencia se

❝La marca de éxito en este mercado es simplemente el tiempo que se tarda en sacar un producto al mercado, el fracaso, el aprendizaje desde ese fracaso y seguir adelante.❞

❝El árbitro más importante respecto a lo mucho o poco que va a gustar un producto es la intuición.❞

❝Si el producto de prueba no les motiva, no tendrá sentido adquirir la versión final.❞

genera para conseguir un número limitado de productos de prueba y cuántos desearían ver el producto terminado; si el producto de prueba no les motiva, no tendrá sentido adquirir la versión final.

NO APTO PARA TODOS LOS PÚBLICOS

Para algunos no hay duda de que los artilugios son un elemento del carisma. Sólo tiene que ver una película de James Bond para convencerse. Sin embargo, de todos los componentes, éste es probablemente el más sensible al carácter de las personas. A medida que se avanza en los grupos de edades, aumenta la resistencia hacia los tecno-juguetes. La mayoría de los adolescentes y los veinteañeros de ambos sexos los encontrarán atractivos, pero, según se incrementa la edad, se produce una reacción negativa en parte de la población.

A estas personas los aparatos les molestan, no les gustan. Puede que se encuentren más a gusto en un mundo "natural", "hágalo-usted-mismo" y que la alta tecnología no sea compatible con su estilo de vida alternativo. Podría ocurrir también que no entiendan la tecnología, que tengan miedo de ella, o que simplemente les aburra. Es importante tener en cuenta a este grupo, aunque ésta no es razón para ignorar el potencial de los aparatos. Simplemente, asegúrese de que este componente del carisma es algo opcional y de que es el cliente quien realiza la elección.

DIRÍJASE A LOS ADOLESCENTES; MOTIVE A LOS ADULTOS

Se puede decir que el gusto por los aparatos es una reminiscencia de nuestra adolescencia. La respuesta proviene de una parte de nosotros que nunca crece, una parte que es mucho más palpable en los hombres que en las mujeres. Un aparato con verdadero éxito haría que a un adolescente se le pusieran los dientes largos, pero en realidad son los adultos quienes lo compran. Por ello, el atractivo básico del producto debe atacar al nivel del interés adolescente, mientras que el envoltorio y el marketing debe ser más sofisticado.

No por ello debe excluirse a los adolescentes porque, en una sociedad con más y más abundancia, también ellos compran estos productos. Sin embargo, un adulto será disuadido simplemente a causa del envoltorio y el marketing. Se

> **❝Un aparato con verdadero éxito haría que a un adolescente se le pusieran los dientes largos, pero en realidad son los adultos quienes lo compran.❞**

trata de un equilibrio muy delicado que, en mi opinión, el mercado de los vídeojuegos ha captado mal, y que en cambio ha sido bien entendido por la telefonía. Muchos adultos disfrutan jugando a juegos en la computadora, sin embargo éstos tienen una presentación dirigida únicamente a los adolescentes. La venta por Internet puede cambiar esto ligeramente, pero sería interesante ver si el mercado de los juegos podría segmentarse más vendiendo juegos informáticos también en un sector orientado a los adultos.

UNA HISTORIA CON FINAL FELIZ

JUEGOS EN EL BOLSILLO

Los juegos de los teléfonos móviles son un buen ejemplo de le eficacia de los dispositivos en la venta. El teléfono móvil representa una oportunidad perfecta para hacer que se escuchen los cánticos celestiales de la tecnología. Un colega mío (un contable, aparte de lo cual es perfectamente normal) está enamorado de su teléfono porque incluye un juego al que puede jugar compitiendo con otra persona que tenga el mismo teléfono. Puede que sea infantil, pero vende.

Si puede conseguir el equilibrio adecuado, el artilugio puede ser una forma muy buena de potenciar los sentimientos del cliente sobre su compañía y sus productos. No funciona en todos los mercados, pero sin duda se extiende más allá del mercado de los simples artilugios. El atractivo del sistema de mapas basado en un GPS de un coche o los circuitos inteligentes de un microondas ya están consolidados. Sin embargo, otros mercados están abiertos. Por ejemplo, la única exposición real del mercado de las prendas de vestir hasta la fecha ha sido la gran publicidad dirigida hacia el calzado deportivo, pero podría hacerse mucho más.

Lo mismo podría realizarse en casi todas las áreas de productos. Incluso los servicios pueden combinarse con los aparatos, ya sean dispositivos inteligentes en los asientos de los aviones o el banco por Internet. Lo más probable es que los dispositivos puedan ayudar a su empresa a ganarse el afecto de los consumidores.

66Si puede conseguir el equilibrio adecuado, el artilugio puede ser una forma muy buena de potenciar los sentimientos del cliente sobre su compañía y sus productos.99

66Lo más probable es que los dispositivos puedan ayudar a su empresa a ganarse el afecto de los consumidores.99

9

SON MÍOS, TODOS MÍOS

Si nuestro objetivo es hacer que los clientes tengan una percepción positiva de su compañía, sería de gran ayuda que la consideraran su compañía. Esto puede conseguirse bien por medios formales como las acciones, o bien por medios informales, como proporcionar un control visible sobre la dirección de la compañía.

ORGULLO DE PROPIEDAD

Nos gusta lo que es nuestro. Nos molesta que alguien critique a nuestra familia o a nuestro coche; nosotros sí podemos hacerlo, pero no nos gusta que nadie más lo haga. Esto puede extenderse a las compañías y a los productos, a si el cliente puede considerarlos "nuestro producto" o "nuestra compañía". Estos vínculos pueden ser muy fuertes. Ya han transcurrido años desde que trabajé para British Airways, pero todavía me siento inclinado a defender a esta compañía aérea cuando recibe críticas porque sigue siendo "mi" compañía aérea.

Un sentido de propiedad aporta lealtad y la tendencia a recomendar dicha compañía a otras personas. Es más, de todos los componentes del carisma, es uno de los más fáciles de organizar y en realidad no es tan difícil dar a las personas la sensación de que son dueños de su compañía, aunque muy pocas se molestan por hacerlo porque parece que a los directivos les preocupa que, al aumentar ese sentido de propiedad (y, por tanto, la participación) descienda su

66Un sentido de propiedad aporta lealtad y la tendencia a recomendar dicha compañía a otras personas.99

poder personal, de modo que se resisten a este cambio, independientemente de los beneficios que pueda reportar convencer a los clientes de ello.

LLUVIA DE ACCIONES

El modo tradicional de propiedad en las compañías públicas viene representado por las acciones. Es un mecanismo idóneo para dar una sensación de propiedad sin que apenas exista riesgo de perder el control. Los accionistas causan muy pocos inconvenientes a la compañía (a no ser que monten un número en la junta anual de accionistas), pero poseen un sentido inevitable de aumento de la auto-cartera. Es casi una autorización para imprimir su propio dinero. No obstante, atar a los clientes con acciones es algo que muy pocas compañías han intentado. Esto sucede con más frecuencia con los empleados (aunque no todo lo que se debería), pero no con los clientes. Sin embargo, cuando se ofrecen acciones a los clientes, es importante aprender de experiencias tanto de los planes para empleados como de los accionistas en general.

Muchos planes de acciones para empleados son un perfecto ejemplo de cómo no obtener beneficios del ejercicio, pues hemos escuchado quejas de compañías en las que se alegaba que el plan de acciones no había tenido el efecto deseado de vincular al personal a las pertenencias de la compañía. En su lugar, las acciones eran consideradas sólo una prima en metálico que podía venderse a la primera de cambio. Pero cuando pregunto a dichas compañías qué hicieron para apoyar el plan de acciones en términos de información y educación, no suele haber ninguna contestación. Los empleados recibieron el resguardo de una acción, y como los accionistas, recibieron un informe financiero y las cuentas anuales. ¿Qué más querían? Podrían haber leído el *Wall Street Journal*, ¿no cree?

Exagero un poco, pero la triste realidad es que dichas compañías se limitan a regalar dinero sin acumulación de beneficios, pero repartir acciones no es suficiente. De forma similar, los accionistas en general no reciben lo suficiente como para involucrarse en el éxito o el fracaso de la compañía. Obtienen sus

❝Cuando se ofrecen acciones a los clientes, es importante aprender de experiencias tanto de los planes para empleados como de los accionistas en general.❞

certificados, dividendos, si tienen suerte reciben algún tipo de cupón descuento en productos de la compañía y, por supuesto, reciben el magnífico informe y las cuentas anuales, pero nada que les interese o motive, nada que les dé el sentimiento de formar parte de ello. Si piensa que el informe financiero y las cuentas anuales lo harán, debe recapacitar. Volveremos sobre el informe financiero y las cuentas anuales dentro de unos instantes, pero antes merece la pena considerar seriamente si tiene algún sentido llevar a cabo esta acción. ¿Puede una persona ajena comprender lo que está ocurriendo lo suficiente como para apoyar a su empresa desde un punto de vista emocional?

Yo diría que sí, ya que estas mismas personas son capaces de comprender el sistema de lotería o hacer apuestas, pueden llevar un presupuesto del hogar o hacer que su coche siga en circulación. No son unos incompetentes, pero muchos de ellos tampoco son contables y tampoco tienen por qué ser unos empresarios especializados. Sin embargo, si mide su postura hacia ellos, no sólo podrán comprender lo que son las acciones y su significado, sino que sentirán con mucha más intensidad que su compañía les pertenece.

LA HORA DEL INFORME

Volvamos al informe anual y a las cuentas, el vehículo anual que utiliza para mantener informados a sus accionistas. Un informe financiero y de cuentas anual tradicional de una compañía es un folleto impreso en papel satinado, con elegantes fotografías, que habla sobre la amplia gama de productos, los activos ganados o vendidos, los cambios principales de la empresa y que tiene muchas páginas con cifras casi ininteligibles. Yo poseo dos titulaciones, una en física y la otra en investigaciones operacionales, que es una disciplina matemática, pero la vista se me nubla ante interminables tablas de cifras, cuentas de pérdidas y ganancias y el balance del informe anual. Desde el punto de vista intelectual, puedo entenderlas, pero desde el punto de vista emocional, las paso por alto. No puedo *sentir* el significado que tienen para mí y para la compañía. No hay

❝¿Puede una persona ajena comprender lo que está ocurriendo lo suficiente como para apoyar a su empresa desde un punto de vista emocional?❞

problema si usted resulta ser contable, pues no podría vivir sin ellas, pero para los seres humanos normales, que son el público objetivo de nuestro ejercicio, casi carecen de todo valor.

El primer paso a la hora de convertir las acciones en un verdadero vínculo emocional para la compañía es rediseñar por completo el informe y las cuentas, y deshacerse de los balances y de todas esas tablas interminables de cifras. Cuando haya conseguido que su contable se recupere del susto con sales aromáticas, éste le dirá que no puede hacerlo, y que existen requisitos legales por los que debe incluirse cierta información.

Bien, pues entonces añádanlos en un apéndice separado e impreso en papel barato. Después de todo, nadie más que los contables los miran, de modo que ¿para qué gastar dinero en una presentación espectacular? Ahora, ocupémonos del resto del documento.

Volvamos al comienzo. Asegúrese de que las personas que redactan el informe son periodistas, y no contables o supervisores directos de línea de su departamento interno de comunicaciones. (Es posible que piense que la tengo tomada con los contables, pero no es así. Simplemente no son las personas adecuadas para comunicarse con seres humanos normales. Sería mucho mejor encerrarlos en grandes habitaciones y bien ventiladas y dejarles hacer lo que les dé la gana).

Bien, elabore su bonita presentación con preciosas fotografías, pero enfóquela siempre desde el punto de vista del accionista. En la mentalidad del redactor, siempre debe estar presente la frase: "¿Qué significa esto para mí como accionista y cliente?". Puede pensar que el aspecto más positivo de una fusión con otra compañía es la incursión en el mercado sudamericano, o una mejora en su coeficiente de endeudamiento, pero su accionista/cliente puede pensar que las cosas más importantes son que pueden acceder a una mayor gama de productos con precio rebajado y que ahora ellos están (ahora *ellos* están) implicados en un proyecto para salvar a un territorio de la lluvia ácida.

Coloque su texto de un modo inteligente al final de la prensa más popular y recuerde las reglas de oro del periodismo. Los titulares (¿usted no tiene

❝Su objetivo debería ser realizar un informe y unas cuentas que sus clientes/accionistas deseen leer, no tirar a la basura.❞

titulares? ¿por qué no?) deberían despertar la atención y la intriga del lector. La primera frase debería resumir los aspectos clave del texto. Asegúrese de que se incluye gran cantidad de interés humano. Donde aparezcan cifras, preséntelas con muchos gráficos y explicaciones de las consecuencias e incluya algunas estadísticas relacionadas. Si la suya es una empresa textil, podría incluir datos de la Semana de la Moda de Londres (y la función que usted desempeñó en ella) y, por qué no, incluir también una sección "de interés personal", quizá un concurso. Su objetivo debería ser realizar un informe y unas cuentas que sus clientes/accionistas deseen leer, no tirar a la basura.

MÁS ALLÁ DEL HORIZONTE DEL INFORME

Si se limita al informe anual, estará perdiendo todo objetivo de este ejercicio. Esas personas tienen dos funciones: son clientes y son accionistas. Queremos utilizar la relación con los accionistas para dar a los clientes un sentido de propiedad hasta el punto de que piensen en la suya como "su" compañía y actúen en consecuencia. Verdadero carisma. Sin embargo, para que esto ocurra, el hecho de enviar sólo un documento al año, independientemente de lo bonito y lo impresionante que sea, no será efectivo. Cuanto más sepa el cliente/accionista sobre lo que ocurre, más vinculado se sentirá, de modo que comuníquese y continúe haciéndolo.

Al menos trimestralmente, bimestralmente, o incluso mensualmente debería ponerse en contacto con sus accionistas para mantenerles al corriente de lo que está ocurriendo y recordarles continuamente que usted es su compañía. Continúe utilizando el punto de vista centrado en el cliente, sin hacer alardes de los logros de su compañía (pues los alardes son aburridos para todo el mundo menos para quien los hace), y aunque sus clientes no estén sólo motivados por su propio interés, todo lo que les envíe tendrá algo básicamente para ellos, un bien, un detalle.

La forma en que esto se realice puede variar de mes en mes. Puede ofrecer competiciones y sorteos, cupones y descuentos, la posibilidad de incluir a sus amigos en el plan, visitas a las instalaciones, sorteos para viajes al extranjero o para conocer de dónde proceden sus materias primas, muestras gratuitas, entradas gratuitas para el cine cuando aparezca uno de sus productos en ellas, o descuentos

> **❝Los alardes son aburridos para todo el mundo menos para quien los hace. ❞**

en tiendas donde usted se anuncie. Multiplique los beneficios de estar asociados reforzando el mensaje: "Ésta es su compañía".

Recuerde también que la comunicación es bidireccional. Más adelante dedicaremos un capítulo a la comunicación con sus clientes, pero en este sentido especial de comunicación con los accionistas, usted debe darles la oportunidad de responderle, de decir qué piensan fuera del formal y agobiante entorno de la junta anual de accionistas, asegurándose, por supuesto, de que cualquier cosa que digan se toma en serio. Estas personas son clientes y accionistas y merecen algo mejor que una carta tipo o un "gracias, pensaremos en ello". Algunas veces tendrán la razón, de modo que debe prepararse para tomar nota y cambiar el modo en que hace las cosas, respondiéndoles siempre con prontitud para decir lo que está ocurriendo (incluso si no ocurre nada).

Un modo en que puede facilitar esto es crear un sitio web únicamente para los accionistas, dándoles acceso a un sitio web protegido donde puedan deleitarse con información para accionistas y realizar sus contribuciones en el tablón de anuncios, en el que también contribuyen los directivos de la compañía. Una vez más, deberá darles algunos incentivos, alguna recompensa por utilizar el sitio web. Esto forma parte del imán que les mantendrá vinculados a usted.

LA CONTRATACIÓN DE ACCIONISTAS

En las primeras secciones se ha supuesto que sus clientes van a convertirse en accionistas. Es lo que tiene que conseguir, y una buena forma de empezar, si cuenta con dicho plan, son los poseedores de tarjetas de fidelidad. Estas tarjetas no tienen mucha cabida en este libro porque no hay nada carismático en ellas; lo último que genera una tarjeta de fidelidad es lealtad. Sin embargo, proporcionan una buena base para crear una lista del tipo de personas a las que se podría proponer que se convirtieran en accionistas. Dependiendo de su empresa, podría tomar su lista de destinatarios de mensajes, los miembros de su club o cualquier otro modo de identificar clientes regulares.

Cuando se trata de repartir las acciones, probablemente la mejor base es dar algunas de forma gratuita y realizar una asignación extra, que puede ser

❝Lo último que genera una tarjeta de fidelidad es lealtad.❞

comprada por debajo del valor real de la acción. Éstas deberán estar sujetas a un plan adecuado que limite su venta durante un período de tiempo. Necesita algún tiempo para forjar una relación, desarrollar un sentido de propiedad y, algo más importante, mantener el proceso en marcha. Tendrá nuevos clientes de tarjeta de fidelidad (o lo que sea). Deles una oportunidad también a ellos.

Como ya he dicho anteriormente, no soy ni contable ni un apasionado de la contabilidad. Probablemente exista media docena de lagunas técnicas que un buen contable podría señalar en esta propuesta, pero no tendría sentido. Podría ajustarse para adecuarse a su empresa y a cualquier requisito legal, pero es sólo una cuestión de matización.

Un interesante enfoque del cliente accionista que surgió con una serie de ISP (proveedores de servicios de Internet), que son las compañías que dan acceso a Internet, está utilizando una promesa de acciones para que los clientes utilicen sus servicios. En el Reino Unido, dichas compañías a menudo utilizaron un modelo empresarial en el que el cliente no pagaba nada al ISP por utilizar sus servicios, y los beneficios provenían de una fracción de la llamada realizada por la compañía telefónica, y publicidad en la página inicial del ISP. Se produjo una avalancha de ISP que funcionaban de esta manera, de modo que hubo que proporcionar un incentivo extra para que los clientes lo contrataran.

La idea que surgió fue la de ofrecer a cada usuario dado de alta que realizara un uso regular de la conexión, una serie de acciones virtuales de la compañía que se convertirían en acciones reales en el caso de una flotación. Por sí mismo, esto no da al cliente un sentimiento de aumento de auto-cartera o de propiedad. El ISP tendría que someterse al mismo proceso, al igual que cualquier otra compañía, para lograr ganar y mantener esa condición. Además el valor de las acciones se suaviza inicialmente, mientras siguen siendo virtuales. No obstante, todavía existe una interesante interpretación sobre el aumento de auto-cartera mediante la posesión de acciones que podrían estimular algunas posturas alternativas, especialmente para compañías no públicas. Si usted carece de acciones disponibles al público, ¿por qué no emitir su propio equivalente? Puede nombrarlas de otra manera, pero el efecto sería el mismo, sin tener que realizar todo el proceso legal que requieren las acciones. El ejemplo del ISP puede realizarse a corto plazo, a medida que el Reino Unido vaya implantando un sistema de tarifa plana, pero la oportunidad de utilizar acciones virtuales es una consideración interesante.

PREGUNTE QUÉ QUIEREN

Si las acciones es el modo más formal de dar a sus clientes un sentimiento de propiedad, el otro extremo es tan sencillo que incluso parece ridículo. Cuantas más veces pregunte a sus clientes qué quieren, y cuantas más veces les dé lo que piden, si es que es algo factible, mayor será su sentimiento de que la suya es "su" compañía. Si usted se dedica al comercio al por menor, ¿cuándo fue la última vez que preguntó a sus clientes lo que querían que vendiera? Sería muy fácil sacar partido de algo tan sencillo, aunque no suele hacerse, si bien podrían aplicarse variantes a casi todas las líneas de negocio.

Esto no es la aceptación general de que el cliente siempre tiene la razón. Inevitablemente habrá ocasiones en las que no será posible dar al cliente exactamente lo que quiere. Siguiendo con el ejemplo del comercio al por menor, yo podría pensar que la tienda local en que realizo mis compras debería tener cartuchos de tinta para mi impresora de modo que me evite problemas cuando éste se me termina. El problema es que sólo compro unos dos cartuchos al año, probablemente nadie más tiene una impresora como ésta, y seguramente haya adquirido una nueva antes de haber comprado unos pocos cartuchos más. No tiene sentido comercial, y me encantaría que me lo dijeran (en el buen sentido). Por la misma razón, si, al igual que muchos otros padres, siempre se me terminan los aperitivos que mis hijos llevan al colegio, no perjudicaría a la tienda en absoluto atender mi petición de proporcionármelos.

Independientemente de que usted acceda o no a las peticiones de sus clientes, el simple hecho de preguntarles e intentar solucionarlo (aunque sea contestar "no" con una buena razón), introduce a su empresa un poco más en el sentido de propiedad del cliente. No obstante, no es suficiente sólo con preguntarle. Las compañías que le preguntan lo que desea y que luego hacen oídos sordos a cualquier contestación están haciendo oídos sordos al concepto, y obtendrán los resultados negativos que merecen.

Un caso especial de este mecanismo es cuando un cliente ofrece una opinión que no se le ha solicitado. Estas oportunidades deberán ser tratadas como oro en paño, pues quiere decir que ya se ha realizado el primer paso hacia la posesión mental de su empresa; creen que merece la pena ayudarle. No estoy hablando de repuestas enojosas a problemas que han surgido, sino de sugerencias positivas para mejorar. La mayor parte de las empresas las reciben ocasionalmente, pero la mayor parte de ellas no logran reaccionar del modo adecuado ante ellas.

Para comprobar esta afirmación, escribí una carta al director de un supermercado local, enviándole un informe de tres páginas que no se me había solicitado con sugerencias para mejorar el restaurante de su supermercado y que beneficiarían el servicio al cliente. Si el director hubiese tenido presente el factor del carisma, debería haber respondido inmediatamente. Como poco, debería haberme telefoneado personalmente un día o dos después de haber recibido el informe. Incluso probablemente habría sentido pedirme que me acercara para mantener una conversación con él y responderme aproximadamente un mes después para informarme de cualquier cambio que pudiera haberse realizado como respuesta a mis sugerencias. Además, podría haber incluido en la carta unos

UNA HISTORIA DE TERROR

LA MODERNIZACIÓN DEL SUPERMERCADO

"Aproximadamente dos semanas después de haber enviado el informe, recibí una carta del director del supermercado. Por desgracia, tal y como yo esperaba, contenía las típicas observaciones sosas y vacías".

"Puede estar seguro de que se van a tener en cuenta todos los comentarios que ha propuesto y de que procuraremos que todas las futuras visitas a nuestro restaurante sean de su satisfacción. Intentamos asegurar que todos nuestros clientes reciben un servicio y unas facilidades de primera calidad, aunque es constatable que en recientes ocasiones no hemos logrado alcanzar este objetivo, y pedimos disculpas por ello. Su feedback sin duda nos ayudará a alcanzar nuestra meta y, si podemos ayudarle en alguna otra ocasión, le ruego que se ponga en contacto conmigo en el supermercado".

"No está mal. Se ha disculpado, en lugar de alegar excusas. Además parece tener en cuenta mis propuestas. Si embargo, se han producido dos fallos cruciales. Tardó demasiado tiempo en responderme y no indica nada específico en la carta. Como cliente, yo no sé si hizo caso alguno a mi propuesta o si la tiro a la papelera riéndose de ella. No tengo idea alguna de cuándo y cómo van a realizarse las mejorías y, para colmo de males, ni siquiera se ha molestado en firmar la carta. Finalmente, más de un mes después de recibir la carta, no se ha realizado ningún cambio en el restaurante. Si esto es lo habitual en esta cadena de supermercados en particular, tienen verdaderos problemas".

cupones para gastarlos en el supermercado. Incluso si una de esas ideas mereciera la pena, el valor marginal de los cupones para (digamos) la compra de una semana habría sido cubierto con creces por el valor de la sugerencia.

¿Qué hizo este directivo? Después de haber transcurrido diez días desde el envío del informe, nada. Ninguna respuesta, y si llego a recibirla, seguro que será un rollo estándar del tipo: "Gracias por sus sugerencias, las tendremos en cuenta", extraído de una combinación de correspondencia producida en cadena. Es desastroso, es una locura. No sólo está pasando por alto algunas sugerencias efectivas (yo daría un importante valor a un informe como éste), sino que, al no responder, está irritando al consumidor. ¿Qué le habría costado realizar una llamada de teléfono? Cinco minutos de su tiempo y una llamada local. ¿Qué puede haber perdido por su aparente aversión? La compra de una familia de cuatro personas durante toda su vida, unas 100.000 libras esterlinas o más. Es una llamada de teléfono muy cara.

Imaginemos cómo pudieron sucederse los acontecimientos en el supermercado cuando llegó la carta con el informe. El director la abre y mueve su cabeza. ¿Será posible? Algún idiota piensa que sabe cómo dirigir este restaurante mejor que sus encargados. Como si no tuviesen ya suficientes problemas como para que ahora se entrometa un tipo con mala leche. Su autor probablemente está intentando hacer negocio. En ese momento bien la tira a la basura o se la pasa al encargado del restaurante con una nota que dice: "¿Qué te parece?". El encargado del restaurante toma la sugerencia como una crítica personal y la tira a la papelera. Después de todo, no es su trabajo dar a los clientes lo que quieren, ¿no es cierto?

DARLES EL CONTROL

Como sugiere la última sección, se puede dar un paso hacia el sentido de la propiedad con una acción tan simple como escuchar a los clientes y darles lo que piden. Otro paso básico es otorgar al cliente más control sobre el modo en que funcionan las cosas. Después de todo, quien controla la empresa es quien la posee. En algunas ocasiones el control puede ser algo en lo que no pensaría en estos términos.

66Quien controla la empresa es quien la posee.99

UNA HISTORIA CON FINAL FELIZ

AHORA ESTAMOS COCINANDO

"Hay un restaurante en Columbus, Ohio, que procura ante todo que sus clientes sean quienes controlan su experiencia, incluso si ésta va en contra del modo en que el restaurante suele operar".

"Este lugar se llama Cookers. Una de las cosas que hacen es que el director se acerca a las mesas y comprueba que todo va bien. Si no le gusta la comida, y no sólo si está mala, no la incluirán en la factura".

"Una de las mejores cosas es que no hay sólo una persona atendiendo su mesa. Cuando acudíamos a este restaurante en grupo, llegaba a haber hasta siete personas sirviéndola simultáneamente. No teníamos que preocuparnos por encontrar a "nuestro" camarero o camarera para pagar la factura, y tampoco importaba a quién se le pidieran las cosas. En otros lugares, y yo sé esto porque he trabajado en restaurantes, se organiza para beneficio de los empleados, pues quieren asegurarse las propinas, de modo que nadie más se encarga de sus mesas, incluso si el cliente tiene prisa. Esto significa que si su camarero está ocupado, usted deberá esperar bastante tiempo. En Cookers, el cliente es lo primero".

El *buffet* autoservicio es un ejemplo magnífico de delegación sutil del control. En nuestra ciudad, en la actualidad se está produciendo un auge de los restaurantes que ofrecen *buffet* autoservicio con precio fijo. Desde Pizza Hut hasta cualquier garito mexicano o italiano que sólo tienen un establecimiento, se han apuntado al *buffet* libre. ¿Qué ofrece esto al cliente? Todo lo que sea capaz de comer por un precio muy razonable, y control: el cliente es quien decide lo que comerá y cuándo lo comerá y también decide qué comidas va a querer combinar. El control del menú ha pasado del camarero y el *chef* a las manos del consumidor.

Ésta es exactamente la clase de beneficio que obtiene el comprador en un establecimiento de autoservicio frente a una tienda tradicional, donde debe

> **❝El *buffet* libre es un ejemplo magnífico de delegación sutil del control.❞**

pedir lo que quiere a quien se encuentre detrás del mostrador. En ocasiones desea encontrar una cara amiga a quien pedir consejo e información, y un buen autoservicio siempre le proporcionará la oportunidad de conseguirlo. No puedo recordar cuántas veces he estado en las tiendas DIY y no he encontrado a nadie tras el mostrador de información, y esto no es conveniente. Sin embargo, dar el control al cliente ayuda a establecer el sentimiento "Ésta es mi empresa".

Por desgracia, para los vendedores al por menor la práctica del autoservicio está tan extendida que no existe ninguna ventaja competitiva en ella. Para que un supermercado logre obtener carisma del hecho de dar más control, deberá delegar aún más, como el sistema "Shop and Go" de Safeway (*véase* la página 57). Sin embargo, otras muchas empresas no dan a sus clientes la oportunidad de hacerse cargo del proceso empresarial, y es una oportunidad que sigue esperando.

BENEFICIOS ESPECIALES

Si usted tiene una empresa, probablemente espera obtener algo especial de ella, como descuentos, la capacidad de obtener mercancía fuera de horarios y otros beneficios que correspondan a su condición de propietario. Como contraposición a esta situación, cuanto más beneficios especiales pueda dar a sus clientes, más propietarios se sentirán. Ya hemos visto algunos beneficios aplicados a los accionistas, un enfoque que puede ser ampliado a todos los compradores regulares, independientemente de que usted cuente con un plan de acciones o no.

No es lo mismo que un plan de la tarjeta de fidelidad por puntos. Existe una vasta cantidad de datos que demuestran que éste no genera lealtad ni tampoco fomenta un sentido de propiedad. Se trata más de recibir el trato especial que espera recibir como propietario, y ser capaz de dar dicho tratamiento a toda su base de clientes.

❝Otras muchas empresas no dan a sus clientes la oportunidad de hacerse cargo del proceso empresarial, y es una oportunidad que sigue esperando.❞

❝Si usted tiene una empresa, probablemente espera obtener algo especial de ella.❞

Un ejemplo básico lo representa el asunto de los aseos. Cualquier persona que tenga hijos pequeños se ha visto en una situación en la que el niño necesita desesperadamente ir al baño, pero no hay tiempo de salir afuera y buscar uno. Usted se encuentra en una tienda grande, de modo que pregunta si tienen aseos. No, no tienen. No importa si los empleados tienen cuarto de baño porque, en lo que a usted respecta, no tienen ya que no forma parte de ellos. No es su tienda.

El mismo argumento puede ser aplicado a casi todas las empresas. Siempre puede encontrar nuevos modos de dar beneficios especiales a sus clientes y siempre habrá retos donde un cierto grado de flexibilidad pueda cambiar de por vida su relación con un cliente. Una clienta se encuentran en la recepción de su despacho de abogados. "Disculpe", dice, "antes de mi reunión con el señor González, necesitaría fotocopiar este documento y no he podido hacerlo antes. ¿Podría decirme si hay alguna tienda de fotocopias cerca de aquí?" Una respuesta incorrecta: "No", volviendo a mascar chicle, a pintarse las uñas o a leer una revista. Una respuesta no demasiado incorrecta: "Sí, al final de la calle a la izquierda". La respuesta correcta: "Utilice nuestra fotocopiadora, está allí". Después de todo, si es la empresa del cliente, seguramente éste espera que le ayude.

CONOZCA A LAS PERSONAS

Cuando usted es propietario de una compañía, suele darse el caso de que conoce a algunos de sus empleados. La base del capítulo titulado "Son personas como nosotros" fue el componente del carisma, que proviene de sentir que usted conoce a los empleados como personas, aunque existe el aspecto secundario de que cuanto más conoce a sus empleados, mayor es su grado de posesión de la empresa. En términos de dicho capítulo, la mayor parte de esto provendrá del personal de primera línea, pero se produce una sutil diferencia cuando miramos al aspecto de la propiedad.

Un propietario no sólo trata con las personas de primera línea, sino con toda la compañía. El mejor modo de enfatizar esto es consiguiendo que los directivos principales entren en contacto directo con los clientes. Los directivos principales

> 66Siempre habrá retos donde un cierto grado de flexibilidad pueda cambiar de por vida su relación con un cliente.99

a menudo sienten que su tarea es puramente estratégica, que cualquier cosa que les aleje de la planificación, las reuniones, el pensamiento creativo sobre el futuro, la negociación de fusiones y las adquisiciones es una distracción del trabajo real. Pero esta magnífica estrategia no tiene sentido sin los clientes, y los directivos, que no mantienen contacto regular con los clientes, pierden contacto con las personas que se encuentran en el meollo: la razón principal de la existencia de toda compañía.

Se ha emitido una serie muy popular en la televisión británica en la que jefes ejecutivos y presidentes de grandes compañías volvían al mundo real, teniendo que trabajar en ocasiones en puestos de trabajo de cara al cliente. Resulta emocionante que cada vez que el ejecutivo es objeto de un gran aprendizaje, los beneficios de la empresa son inmensos, hasta tal punto que es difícil comprender por qué *cada* jefe ejecutivo, *cada* directivo principal no dedica un día a la semana a trabajar en primera línea. Sin embargo, existe un beneficio extra importante en este capítulo. Cuanto más contacto práctico se produce entre los clientes y los directivos, más sentirán que poseen la empresa.

Tomemos el ejemplo de los supermercados. Si siempre elijo los supermercados en este capítulo es simplemente por el hecho de que éstos tienden a sentirse muy alejados del cliente medio. En la mayoría de los supermercados suele verse a jóvenes directivos recorriendo el establecimiento e intentando no captar la atención de los clientes. Rara vez verá a un directivo principal, pues se esconden en las madrigueras que casi todos los grandes establecimientos tienen el sótano. Esto apenas contribuye a que usted sienta que es el propietario, aunque los supermercados se encuentran en la situación ideal para que se establezca fácilmente una relación con los directivos.

A no ser que usted busque un producto en particular, la mayor parte de los compradores realmente no desean detenerse a hablar con el personal mientras

❝Los directivos, que no mantienen contacto regular con los clientes, pierden contacto con las personas que se encuentran en el meollo: la razón principal de la existencia de toda compañía.❞

❝Los supermercados se encuentran en la situación ideal para que se establezca fácilmente una relación con los directivos.❞

recorren la tienda. Sin embargo, hay una parte del recorrido donde una conversación sería bien recibida: en la fila de la caja. En ellas se amontonan hileras de personas que no tienen nada mejor que hacer, todos son superiores se dirijan a los clientes, hablen sobre el establecimiento, posiblemente les ayuden a introducir la compra en bolsas y transmitan una sensación de propiedad. Sin embargo, nunca he visto hacer esto. El sentido de propiedad reside en gran parte en manos de los directivos y aquí surge una oportunidad para hacer algo sobre esto.

HÁGALO A SU MANERA

Independientemente del vehículo que elija (o la combinación de ellos, pues no tiene por qué limitarse a una única ruta), su objetivo debería ser dar al cliente el sentimiento de poseerle como su propia compañía personal. Póngase por un momento en el lugar de uno de sus clientes y piense en el tipo de productos y servicios que él o ella obtiene de usted o que podía obtener de la competencia. Ahora imagine que usted, el cliente, posee una compañía dedicada a sus necesidades que hace todo especialmente diseñado para satisfacerlas. Es completamente suya. Compare esta compañía imaginaria con la suya. Éste es el lapsus que debe superar.

Esto no significa que usted tenga que convertirse en esa compañía imaginaria porque en la mayoría de los casos sólo le reportaría la bancarrota; está bien ser la compañía imaginaria de un cliente, pero en realidad debe ser la compañía que cada uno de sus clientes quiere, pero esto puede causar conflictos imposibles. Sin embargo, no existe ninguna compañía que pudiera ir más allá de esa compañía imaginaria, aunque sí lo suficiente como para que la mayoría de sus clientes, sus clientes más importantes o incluso todos sus clientes, sientan que es *su* compañía.

> 66 Su objetivo debería ser dar al cliente el sentimiento
> de poseerle como su propia compañía personal. 99

10 BONITO Y TIERNO

Si las maravillas de la técnica atraen nuestro lado masculino, este componente atrae al femenino. Puede aplicarse a la compañía como un todo, a los productos y al personal, pero el objetivo es que los clientes adopten una postura protectora hacia nuestra compañía. Esto no implica que la compañía sea débil; pues buscamos la clase de reacción que podría tener un cachorro de tigre.

LA LLAMADA DEL ABRAZO

La belleza y la ternura son propiedades muy comercializables, de modo que si le fuera posible dar a su compañía o a alguna parte de ella un sentimiento de belleza y de ternura, contaría con una gran oportunidad de llamar la atención del cliente. Podría ser resultado de la imaginería, o un verdadero sentimiento sobre su personal. Una vez más, es casi siempre el enfoque de una compañía pequeña lo que constituye el objetivo. Puede imaginarse una conversación entre dos amigas. "Este hombre tan amable es el único al que dejo revisar mi calentador". ¿Condescendiente? Sí. La belleza y la ternura no son siempre los aspectos más agradables del carisma, pero son unos aliados poderosos a la hora de ganar clientes.

De todos los componentes del carisma, éste probablemente es el más difícil de definir de una forma clara. Todos sabemos si algo es (o no) adorable, pero es muy difícil indicarlo claramente en las especificaciones de fabricación, a no ser que su audiencia tenga cinco años de edad. Existe la necesidad de evocar una

> 66 La belleza y la ternura son propiedades muy comercializables. 99

emoción en el cliente que combine placer y protección. Se trata de una versión diluida del sentimiento de un padre hacia un hijo. No es fácil de conseguir, pero tiene que hacerse y puede repetirse.

LA MASCOTA

Uno de los modos más sencillos de invocar este componente es adoptar un enfoque indirecto. Podría no existir nada digno de adoración en su compañía, ni nada tierno en los productos que ofrece, pero asociar a la compañía con algo tierno a los ojos del público puede conferir un aura sutil a la compañía como conjunto. Uno de los mejores ejemplos de cómo una compañía no tiene por qué ser tierna para utilizar esta técnica fue la larga campaña del tigre de Esso, la filial británica de Exxon.

En este caso, la utilización de un tigre se realizó de forma muy inteligente. Debido a que las emociones que aquí se utilizan contienen un alto grado de sentido de la protección, es inevitable que aparezca un elemento de debilidad en las imágenes. Un bebé puede ser adorable, pero también es frágil. Utilizando un tigre, el poder del animal niega cualquier indicio de fragilidad. De hecho, las imágenes del comienzo se centraban en el poder; la frase :"Ponga un tigre en su depósito" implicaba que si se utilizaba este combustible, se daría un nuevo impulso al automóvil. Sin embargo, había algo más.

Los tigres pueden ser poderosos, pero también son extremadamente bellos y los cachorros de tigre casi siempre provocan la exclamación "Oooohh". Pronto siguió la apuesta por la imagen tierna. Entonces surgió la moda, que duró un par de años, de tener una imitación de peluche de una "cola de tigre" sujeta en la antena de la radio. La publicidad hizo un uso mayor de las imágenes de tigres. A medida que aumentó la sofisticación de la técnica, el mayor uso de imágenes reales de tigres pudo haber aumentado el aspecto poderoso de la bestia, aunque seguía incluyéndose la combinación de belleza y de una inmensa ternura. Los tigres pueden no haber convencido a todas las personas para que utilicen Esso, pero no hay duda de que contribuyeron enormemente a la imagen de la compañía.

> **66 Asociar a la compañía con algo tierno a los ojos del público puede conferir un aura sutil a la compañía como conjunto. 99**

Otra larga campaña publicitaria fue la de los rollos de papel higiénico en el que aparecían cachorros de perro. En este caso, la ternura se dirigió de forma directa. No se sugería ninguna otra cosa que fuera ternura. Los cachorros se utilizaron presuntamente para enfatizar lo suave, si bien también fuerte, que era el producto, pero no hay duda de que se trató de un intento directo por asociar un producto y una marca con la naturaleza tierna de la mascota, y funcionó.

Existe una delgada línea entre el uso de la belleza y la inclusión de la atracción sexual en las ventas. A pesar de las posturas políticamente correctas de no utilizar personas como objetos sexuales, los fabricantes de todo tipo de artículos, desde perfumes hasta automóviles, utilizan atractivos actores de ambos sexos para comunicar su mensaje. Una vez más, éstos son, de hecho, mascotas para la compañía y el producto cuya misión es ganar su afecto y transferirlo a la venta.

UNA COMPAÑÍA ADORABLE

Debido a que tendemos a aplicar esta propiedad difusa a humanos y criaturas individuales, es especialmente difícil aplicarla a una compañía. Normalmente una compañía es un concepto no concreto. Nos referimos al personal, a los productos, al ambiente, pero es difícil pensar en una compañía como en algo tierno. ¿En qué piensa cuando se imagina una compañía? En el logotipo, en las instalaciones, en los atributos de los productos y servicios... pero es difícil pensar en la compañía como un todo.

El factor clave parece ser el modo en que los atributos suelen aplicarse a las personas, la ubicación o los productos. Para hacer que la compañía sea algo digno de adoración, debe vincular los atributos directamente a ella. Un ejemplo clásico es The Body Shop, de Anita Roddick. Puede haber diferentes opiniones sobre las tiendas o los productos (a mí personalmente el olor de estas tiendas me revuelve

❝En este caso, la ternura se dirigió de forma directa.❞

❝El factor clave parece ser el modo en que los atributos suelen aplicarse a las personas, la ubicación o los productos. Para hacer que la compañía sea algo digno de adoración, debe vincular los atributos directamente a ella.❞

el estómago), pero la compañía en sí está invadida de un espíritu de preocupación, preocupación por el tercer mundo, por el medio ambiente, por los animales, todas son causas buenas, cosas que pueden aprobarse con cinismo, subiéndose al carro, pero de algún modo se obtiene la impresión de que Anita Roddick es sincera.

Compare el modo en que The Body Shop ha realizado esto con la forma en que una corporación típica enfoca su imagen medioambiental. Muchas grandes compañías patrocinan acontecimientos artísticos o deportivos, y muchas otras invierten grandes cantidades de dinero en el medio ambiente y podrá verse su logotipo en los sucesos en que estén implicadas. Lo que hace The Body Shop es invertir en el planteamiento. En lugar de ver a esta marca anunciándose gratuitamente en algún lugar, verá su mensaje dirigido al cuidado del medio ambiente impreso en sus bolsas y su preocupación por el tercer mundo anunciada en sus escaparates o en apariciones de Anita Roddick en televisión (¿recuerda el directivo estrella que comentamos anteriormente?).

Una y otra vez, The Body Shop se esfuerza por comunicar su imagen de preocupación: las bolsas de papel reciclado, los frascos reciclados de perfume... No es posible comprar en The Body Shop sin advertir que es una compañía que se preocupa y la preocupación es una cualidad adorable. Si realmente usted desea dar una imagen específica a su compañía, debe cambiar el modo en que hace las cosas. Los gestos simbólicos no son suficientes. Debe llegar al máximo y mantenerse. Puede hacer que una compañía sea objeto de adoración por medio de sus palabras y sus acciones, pero sólo si esta característica es un punto clave en el modo en que usted opera.

PRODUCTOS QUE DICEN "TÓMAME EN TUS MANOS"

En ocasiones hay algo en un producto que nos invita a cogerlo en nuestras manos y casi a acariciarlo. Podría ser algo realmente tierno, como un peluche. Un buen ejemplo de esto son los peluches Beanie de Ty. Pulsando tanto la tecla

66La preocupación es una cualidad adorable.99

66Puede hacer que una compañía sea objeto de adoración por medio de sus palabras y sus acciones, pero sólo si esta característica es un punto clave en el modo en que usted opera.99

de lo coleccionable como de la ternura, Ty ha producido un mercado mundial que va más allá de lo que pueda esperar de los coleccionistas. Simplemente no puede imaginarse la misma atracción por una colección de cajas de cerillas o de frutas de plástico. La ternura cuenta, aunque también puede tratarse de una atracción más sofisticada.

Tengo una caja de madera hecha a mano por un artesano que toma una pieza de madera y fabrica una caja que vaya de acuerdo con el tipo de material. No tiene una forma regular, es casi como el tocón de un árbol, pero su superficie es maravillosamente suave. Funcionalmente, como una simple caja, no tiene nada de especial. Sólo caben en ella unos gemelos o algunas monedas. Sin embargo, es muy agradable al tacto y disfruto con sólo sujetarla. El simple hecho de abrir su tapa me gusta.

¿Qué da a la caja esta sensación? Es una combinación de elementos: el material natural, la forma orgánica, las suaves curvas, el cierre perfecto de su tapa... Recuerde una vez más la fuente de este particular componente del carisma basado en una afectividad natural y que parece facilitar su aplicación a productos naturales. La madera y la suavidad, aunque confluyan en una forma irregular, se combinan para hacer que la caja parezca tan sólida como un producto manufacturado, pero el hecho de que haya sido fabricada por una persona humana única e identificable, en lugar de una línea de producción sin rostro, ayuda a dar a la caja este toque adorable.

Estos elementos no funcionarán con todas las compañías. Podría no ser apropiado utilizar materiales naturales, podría no servir tener un producto fabricado de forma individual o con una forma única, pero sin duda podría aplicarse a muchas más compañías de lo que se hace en la actualidad. Por cierto, advierta que no debería cometer el error habitual de asumir que cualquier cosa natural vale. Al igual que los fanáticos por la comida natural que sólo consumen aditivos naturales se están abriendo, en teoría, a la belladona, la heroína y los venenos alcaloides, contar con un producto natural por él mismo no es suficiente. El petróleo es natural, y también lo son los excrementos. Usted necesita un producto que contenga el lado de la naturaleza más llamativo, y el más sanitario.

66Usted necesita un producto que contenga el lado de la naturaleza más llamativo, y el más sanitario.99

UNA HISTORIA CON FINAL FELIZ

LA BELLEZA DEL BEETLE

Cuando el Volkswagen Beetle fue vendido en Estados Unidos, cada automóvil tenía un jarrón de vidrio tallado en el salpicadero en el que había una flor. Este sencillo regalo que evocaba los días clásicos del automovilismo, estableció el grado de relación entre el cliente y el vendedor; fue un toque inteligente.

EL FACTOR DE LA NOSTALGIA

Existe un caso especial en el que la belleza y la ternura se basan en la nostalgia. Es el recuerdo sentimental de las cosas que hubo, o al menos el modo en que nos gusta imaginarnos cómo fueron en un pasado más sencillo y más agradable. Es un vehículo fabuloso para el carisma, siempre y cuando en realidad usted lo proporcione. Sin embargo, exponer demasiados productos dirigidos hacia el mercado de la nostalgia hace que éstos sean iguales que los productos ordinarios que se encuentran en las estanterías, pero con envoltorios que evocan nostalgia, y esto puede producir una decepción. No obstante, es bastante posible aprovechar el factor de la nostalgia de un modo más eficaz.

Un buen ejemplo es el uso de los trenes de vapor. Estas majestuosas máquinas, casi universalmente adoradas por niños y adultos, ahora están resurgiendo con un auge mayor, ya sea en líneas de ferrocarril privadas o llevando trenes especiales en las líneas ferroviarias convencionales. Si su compañía tiene un producto que puede beneficiarse del factor de la nostalgia, ¿qué mejor modo de comunicarlo que con la máquina de vapor? Venda sus productos en un tren de vapor, o consiga que un tren recorra el país con el

66Las opciones son tan diversas como se lo permita su imaginación.99

66Simplemente asegúrese, si desea hacer que la nostalgia sea carismática, de que en verdad lo lleva a cabo.99

nombre de su compañía y su mensaje impresos en él. Las opciones son tan diversas como se lo permita su imaginación.

Si se adapta a su imagen, el factor de la nostalgia puede utilizarse en todas partes. Nosotros lo exploraremos en la página 197, en relación con las cajas registradoras de las tiendas. Algunas compañías utilizan reconstrucciones de vehículos antiguos para realizar sus entregas. Otros proporcionan servicios de autobús para vacaciones con coches de época reconstruidos. Simplemente asegúrese, si desea hacer que la nostalgia sea carismática, de que en verdad lo lleva a cabo. Fabrique realmente "las galletas de su abuela" con una antigua receta, exagere el detalle de no emplear colorantes o conservantes añadidos, pues todo esto no sólo acentuará la realidad de la nostalgia, sino que calará en todo un nuevo mercado de seguidores de la comida naturista que desean evitar tomar dichos ingredientes. Utilice la nostalgia, pero hágalo con intensidad.

UN PERSONAL DE ENSUEÑO

¿Qué ocurre con el personal? ¿No pueden ser tiernos y adorables? En cierto modo sí, aunque una vez más se presente como algo difícil. Todas las personas pueden mostrarse amables y adorables en un parque de atracciones, pero siempre estará presente ese persistente sentimiento de que la sonrisa es falsa y de que, tras ella, se esconde un sentimiento de odio hacia usted. Intente por todos los medios contratar a personas que sean agradables y tiernas, si es que esto se adapta a su empresa, pues podrían no transmitir el mensaje adecuado si lo importante para usted es transmitir a sus clientes la idea de que su empresa es seria y de altos vuelos. No obstante, asegúrese de que esto es exactamente lo que usted incluye en su plantilla, y no simplemente una fachada con una cara bonita.

Exactamente lo que usted contrata al tratar de tener un personal de primera línea que sea adorable es interesante. Hace poco tiempo, cuando yo dirigía un

❝Utilice la nostalgia, pero hágalo con intensidad.❞

❝Cuando se trata del personal dedicado a la atención al cliente, los factores de la belleza y la ternura deben referirse principalmente a la personalidad.❞

gran grupo para una corporación, realicé varias entrevistas para un puesto de trabajo vacante, y uno de los candidatos era una mujer increíblemente atractiva. Tras la entrevista, la respuesta unánime por parte de mi personal, tanto de hombres como de mujeres, fue "Bueno, el puesto es suyo, ¿no?" Pero no, no lo consiguió porque otros candidatos contaban con una experiencia mucho más adecuada. Tener una política de contratación que sitúe la atracción hacia el sexo opuesto como primer factor en una lista de prioridades sería lo mismo que perder el norte por completo. Sus clientes no serían capaces de dejar de mirar a esta persona, algo que no ocurriría con una persona que tuviera una personalidad fría.

Cuando se trata del personal dedicado a la atención al cliente, los factores de la belleza y la ternura deben referirse principalmente a la personalidad, es decir, alguien que sea inteligente, dicharachero, bien parecido y poseedor de todos los adjetivos que sugieran que tener una conversación con él va a ser una absoluta delicia. Si además su aspecto es atractivo, mejor aún. En un mundo políticamente correcto no deberíamos hacer diferencias entre las personas por su aspecto, pero el hecho es que lo hacemos.

Todo el mundo lo hace, incluyendo a los clientes. El tipo de aspecto adecuado sin duda complementa a la personalidad adecuada, pero no son suficientes por sí solos. Por ello, la clase apropiada de apariencia no implica necesariamente las características que se esperan en un modelo de pasarela o una estrella de cine. Posiblemente el aspecto de un chico o una chica atractivos sería mejor.

UNA COMPAÑÍA EN RIESGO

Parte del atractivo de los corderos o los bebés humanos es su vulnerabilidad. En cierto modo, ser el más débil puede ser una ventaja para su compañía, pero posiblemente no si supone un riesgo absoluto, como sugiere el título de este

❝En cierto modo, ser el más débil puede ser una ventaja para su compañía.❞

❝Aunque los clientes quieren la estabilidad nominal de realizar sus compras en una compañía muy grande, en realidad estas compañías tan grandes no les gustan.❞

epígrafe; no obstante, encontrar un modo que haga que los clientes deseen proteger a su compañía aumentará su sentido de la propiedad y acrecentará su ternura inherente.Puede obtenerse un gran beneficio del hecho de tomar la postura del débil si su compañía es grande, pero no la más grande del mercado. Un ejemplo clásico es el de la campaña de Avis, que dio un giro total a esta compañía de alquiler de coches. Tras luchar por desviar la atención de su segunda posición en los negocios de alquiler de automóviles, Avis se percató de que obtendrían muchos más beneficios si acentuaban este hecho. El mensaje que indicaba que por el hecho de ser el número dos, Avis iba a esforzarse más, hizo mella. A los clientes les gustaba tratar con una compañía que no fuera tan orgullosa como para pensar que era la más grande, y por tanto, la mejor.

Cuando usted recibe un ataque competitivo por parte de una compañía más grande, recuerde esto. Puede que se sienta vencido, pero en realidad cuenta con una gran ventaja. Aunque los clientes quieren la estabilidad nominal de realizar sus compras en una compañía muy grande, en realidad estas compañías tan grandes no les gustan. Prefieren las pequeñas. De modo que, incluso si usted es un enorme gigante multinacional, o si es un pequeño integrante de un mercado particular, puede exagerar esta posición para beneficiarse de su condición de ser pequeño y ganarse el voto de simpatía.

SER TIERNO

Como he señalado varias veces en este capítulo, éste es el componente con el que es más difícil hacer algo. Algunos aspectos de la ternura simplemente no funcionan con un cierto número de compañías. Otras requieren una cuidadosa selección de personal o rendir devoción a un mensaje que los accionistas o partícipes no consideran algo crucial en su empresa. No obstante, esto no significa que este componente deba ser ignorado, pues ha dado resultados muy efectivos en otras compañías, de modo que merece la pena probar si ocurre lo mismo en la suya.

11 ESTAMOS EN CONTACTO

Las relaciones se establecen o se rompen dependiendo de la calidad de la comunicación. Mantener un diálogo real y durante toda la vida con un cliente y utilizar todos los medios disponibles (especialmente ahora que los nuevos canales electrónicos han penetrado con más fuerza) es un factor esencial.

MANTENER EL DIÁLOGO

El diálogo es el combustible de las relaciones humanas, pero no simplemente de las comunicaciones, sino de las comunicaciones bidireccionales: hablar y escuchar. Se podría decir que el componente más poderoso del carisma, si bien el más sencillo, es el establecimiento correcto de una comunicación. Es el más simple, al menos cuando se trata de comprender su valor, pues sólo tiene que escuchar un espacio informativo para darse cuenta de lo mal que llevamos a cabo los humanos la comunicación.

Si nos comparamos con los animales, nuestros lenguajes son excepcionalmente sofisticados. La tecnología de la comunicación ha evolucionado hasta el punto de que es posible mantener una conversación telefónica normal con alguien que se encuentre en el Polo Sur. Además, Internet ha abierto a los documentos el mismo mundo flexible de la comunicación que el teléfono abrió en su día a la palabra hablada. No obstante, día tras día en las noticias se nos informa de conversaciones de paz suspendidas o rupturas en las comunicaciones entre personas, compañías o países.

❝El diálogo es el combustible de las relaciones humanas.❞

Desde el punto de vista del consumidor, una comunicación deficiente puede arruinar la realización perfectamente aceptable de un servicio. Usted puede pensar que ha realizado su trabajo si un producto que un cliente ha pedido le ha sido entregado a tiempo. Sin embargo, si no ha logrado responder a una pregunta que se le ha formulado acerca de dicho pedido, este fallo podría tener más peso que el hecho de que la entrega se haya realizado en la fecha. De hecho, como ningún consumidor tolerará un servicio deficiente repetidas veces, desde luego a veces es preferible no realizar la entrega en la fecha prevista y mantener una buena comunicación indicando lo que ocurre, que realizar una entrega a tiempo sin que se produzca comunicación. Es así de importante.

NOSOTROS ESCUCHAMOS

Escuchar al cliente es un buen comienzo. Cuando los clientes le llaman, debería mostrarse interesado, independientemente de lo que le estén diciendo, porque éstas son las personas que pagan sus salarios y mantienen a su compañía en el mercado. Tienen un interés inherente. Recuerde la carta y el informe que envié al director de un supermercado (*véase* la página 151). Debería haberse tratado de una lectura fascinante y él debería haber escuchado mis comentarios o, al menos, haberlos leído. Y probablemente lo hizo, no lo sé, porque su respuesta fue tan vaga que podría haberse tratado de una carta tipo, o una carta previamente preparada para las quejas. No basta con escuchar a los clientes; ellos deben ver que usted les está escuchando.

Todo esto parece ser una perdida absoluta de tiempo. En el supermercado que mencioné, el encargado estaba dirigiendo una compañía con mucho público y tenía mucho trabajo más importante que escuchar a un cliente

> 66 Desde el punto de vista del consumidor, una comunicación deficiente puede arruinar la realización perfectamente aceptable de un servicio. 99

> 66 No basta con escuchar a los clientes; ellos deben ver que usted les está escuchando. 99

UNA HISTORIA DE TERROR

NOSOTROS OÍMOS, PERO NO ESCUCHAMOS

Quien me relató esta historia estaba intentando contratar una hipoteca que necesitaba con rapidez, pues de lo contrario perdería la casa en la que había puesto todo su empeño. Para obtener la hipoteca, necesitaba conseguir una carta de su abogado certificada por la sociedad de crédito hipotecario (ahorro y préstamo).

"La carta fue enviada por mi abogado y una semana después telefoneé a la sociedad de crédito hipotecario. No habían recibido la carta, de modo que llamé al abogado, quien me indicó que sí la había enviado. Entonces volví a llamar a la compañía de crédito hipotecario y me indicaron que volverían a comprobarlo".

"Una semana más tarde telefoneé a la compañía de crédito hipotecario; lo habían comprobado y, efectivamente, el abogado había enviado la carta pero ellos no la habían recibido. Volví a llamar al abogado y él me confirmó que la carta había sido enviada".

"Una semana después llamé a la sociedad de crédito hipotecario, quienes todavía no habían recibido la carta, y me informaron de que seguirían investigando. Este ciclo continuó hasta que pude hablar con la misma persona con la que había hablado en el centro de recepción de llamadas. Todo el proceso transcurría muy despacio. La compañía de crédito hipotecario llamó al abogado para preguntarle si había enviado la carta, y la respuesta fue afirmativa, de modo que no se llevó a cabo ninguna acción más. ¡Sin embargo, no existía ningún sistema en vigor que asegurara que algo se había hecho si la carta no había sido recibida! El despacho del abogado seguía asegurando que la había enviado".

"La complicación fue que había tres equipos en la compañía de crédito hipotecario: el centro de recepción de llamadas, la toma de decisiones y la devolución de la llamada (a mí). Como el caso completo no estaba en manos de ninguno de ellos, no tenían forma de decir que no estaba ocurriendo nada. Las acciones de seguimiento se habían perdido en el sistema, pues su computadora estropeaba continuamente los archivos de seguridad, de modo que a pesar del consuelo que suponía que todo estaba grabado en el sistema, cuando telefoneé al día siguiente (algo que tenía que hacer a diario) me dijeron que ¡el sistema no guardaba la información que se había introducido en él el día previo!".

❝Hacer que se vea que oye al cliente es simplemente el primer paso.❞

individual. Sin embargo, tenga en cuenta, como siempre, el valor de una vida: las 100.000 libras esterlinas o más que está arriesgando por no dedicar un momento a hacerme saber que me había escuchado. Merece la pena unos pocos minutos de la vida de cualquier persona.

Hacer que se vea que oye al cliente es simplemente el primer paso, pues oír es correcto, pero simplemente oír y asentir con la cabeza (hacer que escucha) no crea una relación. Es como hablar con un analista, y no con un amigo porque se limita a oír todo. Para reforzar realmente el beneficio de oír necesita hacer saber al cliente lo que ha hecho como resultado de haberle escuchado.

Tomemos mi informe enviado al director de un supermercado en relación con la mejora de su restaurante. Una primera sección del informe detallaba arreglos de poca importancia pero que eran esenciales si quería rescatar al restaurante de la posición de baja estima en la que había caído. Se incluían aspectos básicos como reponer los respaldos de los taburetes de la mesa de estilo bar, o asegurarse de que siempre habría una amplia provisión de servilletas. Éstas eran acciones que el director se iba a ver obligado a tomar en algún momento si deseaba que el restaurante siguiera siendo viable. Piense en lo mucho mejor que yo, como consumidor, me habría sentido si él me hubiese contestado agradeciéndome mi informe y diciéndome que seguiría estas recomendaciones inmediatamente. No sólo me habría oído, sino que me habría escuchado.

Es posible que el director tuviera la intención de realizar estos cambios de todas formas, y que los hiciera diciendo: "Los haré a pesar de este idiota que se ha atrevido a enviarme un informe sobre cómo mejorar mi restaurante". Sin embargo, si me hubiese comunicado que estos cambios eran el resultado de mis observaciones, no habría podido evitar sentirme halagado, al menos por unos instantes.

Entonces me di cuenta de que no me había dicho nada más, la comunicación había desaparecido y las dudas comenzaron a surgir. ¿Qué ocurría con mis otras recomendaciones? ¿Qué había pensado sobre ellas? Una campaña sensata de respuestas para este caso probablemente incluiría varias comunicaciones, como una llamada telefónica un día o dos después de haber recibido el informe o una

❝Para reforzar realmente el beneficio de oír necesita hacer saber al cliente lo que ha hecho como resultado de haberle escuchado.❞

carta unos días después, identificando las acciones sencillas que se iban a llevar a cabo inmediatamente e indicando que volvería a ponerse en contacto conmigo en una fecha determinada en relación con el resto del informe.

Podría ocurrir que durante la siguiente semana, se produjera una verdadera crisis y que no hubiera tiempo para responder a las otras recomendaciones. La respuesta sencilla sería, simplemente, ignorarlo por el momento. Unos pocos días más o menos tampoco suponen una gran diferencia, excepto si se ha creado una expectativa. Si yo espero una comunicación por parte del director en una fecha concreta y ésta no se produce, me siento defraudado. Si no se tiene tiempo para hacerlo, al menos debe buscar el tiempo para enviar una nota o incluso telefonear para pedir disculpas por tener que sufrir retrasos, y comunicar que pronto tendría nuevas noticias. Esa llamada es lo que marca la diferencia.

La siguiente comunicación puede ser un mensaje combinado. Algunas sugerencias pueden ser realizadas, pero otras pueden ser poco factibles, de modo que podrían incluirse detalles que explicaran por qué no son factibles y subrayar el hecho de que el supermercado siempre está abierto a nuevas sugerencias y que realmente agradece el esfuerzo. Probablemente sería sensato incluir algunos cupones para utilizarlos en el supermercado, pues sería un cese

UNA HISTORIA CON FINAL FELIZ

UNA ESCUCHA REMOTA

Con demasiada frecuencia realmente no escuchamos lo que el cliente dice porque pensamos que tenemos razón. En este hotel, realmente escuchan.

"Cuando me alojé en el Hotel Mina Seyahi, en Dubai, olvidé allí mi teléfono antes de irme del país, de modo que telefoneé al hotel, y me puse en contacto con la gobernanta. Me comunicaron que no habían encontrado el teléfono, pero apuntó mi número (el de mi casa) por si aparecía".

"Entonces volví a telefonearles y les pedí que buscaran debajo de la cama. Pronto me devolvieron la llamada diciéndome que lo habían encontrado. Entonces les pedí que me lo enviaran por correo y el teléfono llegó dos días después".

66Dar a los clientes un flujo continuo de información es esencial a la hora de mantener una relación.99

natural de las comunicaciones, si bien no definitivo, ya que un mes o dos más tarde yo realizaría una nueva llamada de teléfono para comprobar con el cliente que se siente satisfecho por que todos los cambios se hayan realizado según sus sugerencias. ¿Es demasiado? ¿Se trata de una comunicación excesiva? En absoluto. Simplemente se asegura que el diálogo contenía una escucha eficaz, y que el cliente sabía que se le había oído y que se había llevado a cabo una acción.

NOSOTROS HABLAMOS

Al igual que permitir que sus clientes sepan qué es lo que está ocurriendo como resultado de su queja o de su sugerencia es una parte importante del hecho de oírles, darles un flujo continuo de información es esencial a la hora de mantener una relación. Mantener al cliente al tanto de lo que ocurre es una parte tan importante en un contrato a largo plazo como lo es responder inmediatamente a la sugerencia de un cliente. Tan pronto como el cliente no esté seguro del progreso, se sentirá incómodo en cuanto a su relación con usted, y cualquier posibilidad de carisma desaparece.

En esta era de sobrecarga en la información, puede extrañarle que parezca que le estemos pidiendo que bombardee a su cliente con comunicaciones, pero esto no es del todo cierto. Gran parte de la sobrecarga de información proviene de una comunicación innecesaria y no deseada, como los e-mails basura o el escritor de notas que cree que debe distribuir sus palabras de sabiduría a todas las personas de la empresa por si tuviera que cubrirse las espaldas. La mayor parte de las veces nos alegra recibir información de nuestros amigos o acerca de algo que nos interesa. Ciertamente, a todos nos gusta recibir información que reduzca la incertidumbre y el estrés.

Cuanto más amiga del cliente sea su compañía, más apreciarán sus comunicaciones, especialmente cuando se encuentren en procesos de negociación con usted. Independientemente de que se hayan acordado explícitamente o no, todos tenemos hitos mentales cuando un proyecto de cualquier tipo está en marcha. Sin embargo, si pasamos uno de esos hitos y no hemos tenido noticias

"Gran parte de la sobrecarga de información proviene de una comunicación innecesaria y no deseada."

UNA HISTORIA DE TERROR

¿QUÉ QUIERE DECIR, HABLAR?

"Volviendo de la India, volamos vía Benares a Delhi, a Amman y a Londres. En Royal Jordania (RJ) nos comunicaron que debíamos facturar tres horas antes de la salida, pero yo les indiqué que eso sería a las 03:30 y que no habría nadie allí. Me respondieron que si no estábamos allí tres horas antes, no nos podrían garantizar un asiento en el avión. Naturalmente, no llegó nadie al mostrador hasta, aproximadamente, las 05:00".

"Entonces el vuelo fue retrasado a causa de la niebla. El sistema de megafonía tampoco era de ninguna ayuda porque no se podía oír desde la sala de embarque. Finalmente, al no haber tenido ninguna noticia por parte de Royal Jordania (todas las demás compañías aéreas tenían un representante en la sala de embarque), conseguí colarme por el control de pasaportes y llegar a su oficina. Me indicaron que se iba a producir un retraso de nueve horas y entonces les sugerí que debían comunicarlo al resto del pasaje. Me dijeron que lo habían anunciado varias veces pero les indiqué que el sistema de megafonía no podía escucharse desde la sala de embarque. Su respuesta fue la siguiente: "Es una pena, ¿verdad?". En ese momento consiguió enfadarme y le sugerí que pusiera un representante de la compañía en la sala. Me indicaron que lo harían, pero no ocurrió durante el resto de la espera. Volví a atravesar el control de pasaportes otras cuatro veces para saber si había novedades, que yo mismo transmití el resto de los pasajeros de RJ".

"Perdimos nuestra conexión con Amman. Cuando llegamos a casa, el retraso total había sido de 25 horas. No recibimos ni una disculpa por parte de RJ. Hubo un momento en que una mujer perdió los nervios en Amman y un miembro del personal le dijo: "Le hemos dado de comer, la hemos alojado en un hotel, hemos solucionado el resto de su viaje, ¿qué más quiere?". Naturalmente, no voy a repetir cuál fue su respuesta".

de que todo se ha llevado a cabo del modo en que esperábamos, nos sentimos incómodos. Si quiere que la comunicación con sus clientes funcione, necesita establecer los hitos y asegurarse de que la comunicación se establece en esos puntos. Puede parecer que se necesite un gran esfuerzo, pero con una agenda electrónica o con un sistema de gestión de contactos, la organización de éstos se convierte en algo trivial, y merece la pena que el cliente esté contento.

> **❝Cuanto más amiga del cliente sea su compañía, más apreciarán sus comunicaciones.❞**

UNA HISTORIA DE TERROR

¿QUÉ COMUNICACIÓN?

"Hace ya un tiempo Cable & Wireless distribuyó folletos en mi barrio en los que anunciaban que ahora podían ofrecer servicios de telefonía y televisión en esta zona. El folleto estaba repleto de bombo publicitario y de bonitos gráficos, pero en realidad no daba ninguna información sobre los servicios que ofrecían, los precios, etcétera. Así que telefoneé al número que se indicaba para obtener más información (con la intención de cambiarme a esta nueva compañía, si es que me interesaba). Tras escuchar música de espera durante diez minutos (¡una compañía telefónica que no contesta el teléfono!), hablé con una mujer que no podría darme información sobre precios o servicios, pero me indicó que existía otro folleto en el que estaban detallados. Sin embargo, no me lo podía enviar porque no les quedaban existencias y no volverían a recibir más hasta transcurridas tres semanas. Le di mi dirección, pero nunca recibí nada. No es de extrañar que no tenga ninguna intención de utilizar sus servicios".

"Por supuesto, éste es un ejemplo de la planificación, la organización y la comunicación interna defectuosas de C&W, cuyo resultado ha sido que el departamento de marketing haya intentado realizar la venta de un producto que la organización no podía proporcionar. Seguramente también fue muy descorazonador para el personal de atención al cliente".

La frecuencia exacta de estos hitos depende del cliente y del proyecto. Puede que sea necesario informar sobre los progresos cada semana o incluso cada día.

O puede que sea suficiente con decir: "No esperamos que ocurra nada durante los próximos seis meses. Transcurrido este tiempo, le daremos más información, independientemente de que se hayan producido cambios o no". Y, por supuesto, la promesa debe mantenerse. No tiene por qué referirse a algo grande. Podría tratarse simplemente del envío de un folleto, como veremos en el siguiente caso.

Exactamente el modo que elija para comunicarse dependerá de sus circunstancias y del valor del cliente, pero tenga en mente que existe una jerarquía de valores de comunicación. Cuanto más personal y más física sea la comunicación, mayor será el valor del destinatario. Por lo general, no se puede superar una comunicación cara a

❝Exactamente el modo que elija para comunicarse dependerá de sus circunstancias y del valor del cliente, pero tenga en mente que existe una jerarquía de valores de comunicación.❞

cara, mientras que los e-mails masivos probablemente se acercan más al punto menor de la jerarquía. Sin embargo, hay dos factores que conspiran en contra de esta jerarquía natural y que se pueden aplicar a todos los casos.

Existen ocasiones en las que la palabra escrita es más poderosa que la hablada, aunque ésta se produzca cara a cara. Si usted quiere causar un verdadero impacto en el cliente individual, entonces sí, opte por la palabra oral directa. Sin embargo, si su cliente va a beneficiarse más mostrando a otras personas su comunicación, entonces la forma escrita es una mejor opción. Por ejemplo, podría darse el caso de que un proveedor prefiriera una felicitación por escrito que puedan copiar para otros usuarios potenciales que una palabra oral que les dé más impulso personal.

Existe también un aspecto extraño en el e-mail que a menudo lo eleva en la jerarquía de la comunicación mucho más de lo que muchos pudieran hacerle pensar. Un e-mail puede ser uno de los medios de comunicación menos poderosos, pero cuenta con una gran ventaja por encima de las cartas escritas o la comunicación cara a cara: es extremadamente fácil de utilizar. Es más fácil enviar un e-mail que escribir una carta y enviarla. Además un e-mail que se envía puntuará más en la escala de valores de la comunicación que la mayor parte de las cartas escritas a mano más bonitas que permanecen en la mente del escritor y que nunca llegan al correo.

LA ELIMINACIÓN DE LAS BARRERAS

Casi todas las empresas están repletas de barreras a la comunicación. Parece que apreciemos a nuestros clientes, pero sólo en la distancia. Cuando nos arriesgamos a entablar una comunicación cara a cara sólo lo hacemos con los tipos de protección que pueden esperarse de una prisión de alta seguridad. Ya hemos mencionado las pantallas que separan al personal de una estación ferroviaria de sus clientes (*véase* la página 58). Éstas presentan unas barreras terribles a la comunicación, pues no se puede oír con claridad, no se puede ver bien a través

66Un e-mail puede ser uno de los medios de comunicación menos poderosos, pero (...) es extremadamente fácil de utilizar.**99**

66Parece que apreciemos a nuestros clientes, pero sólo en la distancia.**99**

de ellas y quien le atiende se encuentra distanciado y lejano. Igualmente, cualquier transferencia de dinero debe realizarse a través de una pequeña rendija. De este modo nunca se podrá llegar a entablar una comunicación cara a cara apropiada. Además, ¿necesita una estación de ferrocarril este tipo de seguridad para vender billetes, cuando los bancos ahora tienen cajas abiertas con mamparas de alta velocidad? ¿Qué es tan peligroso en el oficio de vender billetes de tren comparado, por ejemplo, con la venta de billetes de avión, que normalmente se realiza en mostradores desprotegidos?

De hecho, se puede decir que gran parte de la ira de los clientes, de la que supuestamente defienden las barreras de los ferrocarriles, proviene de la incapacidad de comunicarse de forma eficaz. No es menos cierto que si los bancos pueden evitar crear barreras físicas entre las comunicaciones interpersonales, y pueden evitar tratar a todos los clientes como posibles criminales, cualquier otra compañía que mantenga una relación cara a cara con los clientes puede hacerlo. Es muy triste que un pequeño número de personas ataque a prácticamente cualquier persona que les esté proporcionando un servicio, incluso a médicos de hospitales, pero convertir todos los lugares en prisiones no es la reacción adecuada. Hay que intentar protegerse de los criminales por todos los medios posibles, pero no a costa del resto de nosotros.

Las barreras no son siempre barreras visibles como el cristal antibalas o los barrotes de hierro, sino que pueden tener varias formas. Por ejemplo, pueden estar causadas por un horario. Una compañía que solamente proporciona sus servicios en horario de oficina está creando una barrera basada en el tiempo. De forma alternativa, la barrera puede tener efecto en diferentes modos de comunicación. He visto compañías que se oponen radicalmente a utilizar cartas, alegando que pueden solucionar los problemas con más rapidez por medio del teléfono. Incluso no tienen reparos en decir que el uso de las cartas significa que

> 66Gran parte de la ira de los clientes (...) proviene de la incapacidad de comunicarse de forma eficaz.99

> 66Hay que intentar protegerse de los criminales por todos los medios posibles, pero no a costa del resto de nosotros.99

UNA HISTORIA DE TERROR

PAGAR POR EL PRIVILEGIO DE COMPRAR

"Compré un vídeo en Dixon's que, seis meses más tarde, se estropeó. Mi acuerdo de servicios establecía que lo recogerían en mi casa, pero parecía que había algún tipo de vacío legal por el que yo mismo debía llevarlo al Dixon's más cercano. El servicio de atención al cliente me había asegurado que la tienda estaría abierta hasta las 18:00, de modo que salí del trabajo y corrí a mi casa, cogí el vídeo y caminé unos 3 km. hasta que llegué a la tienda. Eran las 17:45 y ya estaba cerrada".

"Dos semanas más tarde fui objeto de un robo. Uno de los objetos robados era un equipo estéreo hecho por Dixon's. Por motivos de la compañía aseguradora, necesitaba conseguir una factura de Dixon's para que éste fuera reemplazado. Como pertenecía a mi compañero de piso, yo no iba a comprar uno nuevo. Dixon's quería que pagase diez libras esterlinas para darme un presupuesto garabateado en una nota de saludo. Les expliqué que, al haber sido un producto fabricado por ellos mismos, obviamente iba a ser reemplazado por otro nuevo también comprado en Dixon's, de modo que les pregunté si realmente consideraban necesario cobrarme, pero lo hicieron".

"Aproximadamente un mes más tarde yo me encontraba llevando a cabo una promoción en el trabajo y quise regalar algunas agendas electrónicas (unas cien en total), de modo que acudí al Dixon's más cercano y les pedí que elaborasen un presupuesto del pedido y que indicaran qué tipo de descuento me ofrecían. Me informaron que debía pagar diez libras por el presupuesto y que no recibiría ningún descuento por la compra al por mayor".

"No suficientemente cabreado (¡!), dirigí una carta a la oficina principal de Dixon's. Calculé que con todas las molestias que me habían causado habrían perdido unas 3.000 libras. Escribí una carta exponiendo mis quejas. Nunca recibí una respuesta".

el cliente tiene una prueba del diálogo. Mientras la mayor parte de las compañías establecidas en Internet y las compañías de alta tecnología elaboran listas de direcciones de e-mail para la realización de su servicio al cliente, es sorprendente que muy pocos otros lo hagan. Puede comprobarlo en sus facturas de agua y luz.

Pueden existir razones perfectamente aceptables para aplicar una limitación

❝El e-mail es un medio nuevo y fantástico para mantener una comunicación continua con sus clientes.❞

particular. Puede ocurrir que proporcionar un servicio de atención al cliente durante las horas de oficina sea todo lo viable desde el punto de vista económico, pero eso no significa que no se deban buscar alternativas a estas limitaciones, aunque sea algo tan sencillo como un e-mail por voz, el e-mail o un sitio web. El hecho es que cuanto menor sea el número de obstrucciones que ponga a las comunicaciones entre usted y su cliente, más oportunidades tendrá de mantener un buen diálogo con él y forjar una relación positiva. Considere cada canal de comunicación posible a lo largo de todo el día. ¿Qué es posible? ¿Cuál es su tiempo de respuesta? Usted puede estar satisfecho con el resultado, pero no dude que sus clientes también lo estarán.

La historia de Dixon's es una extraordinaria demostración de una creación activa de barreras. Pasando por alto el mal momento pasado, los dos ejemplos en los que se pretendía cobrar una cantidad por un presupuesto son muy extraños. Es casi como si la compañía fuera a hacer todo lo posible por evitar realizar una venta. Algo así puede verse perfectamente en el segundo ejemplo. Un cliente realiza un pedido de 100 unidades a una compañía grande y respetable, pudiendo ser posible que realice más pedidos en un futuro, y la reacción es la de cobrarle por darle un presupuesto y negarle cualquier tipo de descuento. ¡El vendedor debería acudir a la oficina de su cliente con los descuentos en la mano! Y para rematarlo, no se envía ninguna carta de respuesta. Es un caso realmente triste.

EL USO DEL E-MAIL

El e-mail es un medio nuevo y fantástico para mantener una comunicación continua con sus clientes. A primera vista, puede decirse que es un sucedáneo del correo convencional. Después de todo, todavía muchos de sus clientes no tienen acceso a él. Sin embargo, éste es un punto de vista muy limitado de un medio que pasó de ser prácticamente nada, a formar parte de la vida cotidiana en unos pocos años. Comparado, por ejemplo, con el teléfono, la velocidad de penetración del e-mail en la base de clientes ha sido impresionante.

❝Comparado con el teléfono, la velocidad de penetración del e-mail en la base de clientes ha sido impresionante.❞

Desde el principio, fue obvio que el e-mail tenía algo especial. Cuando se creó Arpanet, el antecesor de Internet, se diseñó para superar un problema muy específico. Cuando alguien quería utilizar diferentes computadoras tenía que hacerlo por medio de un terminal conectado a cada uno de ellos. Arpanet no sólo permitió conectar un terminal entre computadoras, sino que también posibilitó el tráfico de computadora a computadora. Alguna persona que estaba experimentando con las posibilidades de la tecnología improvisó un sistema que permitía a los usuarios enviarse mensajes entre sí, desde una universidad a otra y a través de los Estados Unidos. En un par de años, el tráfico del e-mail ya había dominado Arpanet. Esto ocurrió en los años setenta. Alrededor de los noventa la mayor parte de las grandes empresas tenía un e-mail interno, pero fue con la apertura comercial de Internet en la última mitad de los años noventa cuando el e-mail realmente se disparó.

Pero, ¿por qué? ¿Por qué tiene tanto éxito? Comencemos con los aspectos más prácticos de la mensajería, el simple envío de un texto. ¿Por qué un e-mail de texto es mejor que una carta escrita? Para todos los críticos que afirman que el e-mail ha arruinado la escritura de cartas, los beneficios son inmensos:

- *Inmediatez.* Usted envía un e-mail y éste puede llegar a cualquier parte del mundo en cuestión de segundos. Cuenta con la velocidad del teléfono sin su coste ni la necesidad de que el destinatario espere en el otro extremo de la línea.

- *Duplicación.* Un e-mail puede ser enviado a diez personas con la misma facilidad con la que puede ser enviado a una.

- *Bajo coste.* Ninguna otra comunicación con texto puede compararse a su coste.

- *Poco esfuerzo.* Sin contar con la tarea de teclear el texto, me supone unos pocos segundos enviar un e-mail, para lo que ni siquiera tengo que levantarme de mi mesa. Para enviar una carta por correo, primero tengo que introducirla en un sobre, comprar y pegar los sellos (comprobando el peso de la carta en la oficina de correos) y llevar la carta al buzón.

- *Direcciones sencillas.* Es mucho más fácil encontrar o averiguar una dirección de e-mail que una dirección postal.

La flexibilidad del e-mail tiene una implicación secundaria, si bien importante. Debido a la sencillez del envío de un e-mail, es posible enviar una nota directamente y librarnos de una molesta tarea que, de otro modo, no se le iría de la cabeza, bloqueando los recursos mentales durante varias horas en un día. Un e-mail consigue tachar una tarea de nuestra lista mental de forma instantánea.

Sin embargo, esas ventajas no tienen sólo un lado positivo. El pequeño esfuerzo que hay que realizar significa que es demasiado fácil enviar un e-mail sin pensar realmente en su contenido. Esto tiene como resultado faltas de ortografía y de gramática, así como mensajes que no deberían haber sido enviados sin antes haberlos revisado durante unos instantes. El bajo coste y la facilidad de duplicación significa que muchos de los mensajes se envían a personas que no los quieren. Ya se trate de e-mails basura o del hábito corporativo de enviar una copia a quien pueda estar interesado, este despilfarro tiene como consecuencia que los e-mails aumenten la sobrecarga de información.

Nada de esto significa que sea un desastre completo. Es posible crear el hábito de releer un e-mail antes de enviarlo. Con un uso cuidadoso, la posibilidad de enviar e-mails de forma económica y a gran escala continuará siendo un beneficio, pero al igual que en otras formas de comunicación el enfoque es importante. La inmediatez causa un problema diferente. Debido a que los e-mails llegan a su destino con tanta rapidez, ocupan un espacio psicológico entre la llamada de teléfono y la carta. Aunque no esperamos que la respuesta sea tan rápida como en una llamada telefónica, sin duda esperamos que la contestación a un e-mail sea mucho más veloz que una carta. Cualquier cosa que supere un par de días nos hará sentir que nos están haciendo esperar.

Idealmente, un e-mail debería ser contestado en un plazo de 24 horas, a no ser que se trate simplemente de un mensaje social, en cuyo caso la respuesta puede ser increíblemente veloz. Ésta es una importante consideración cuando utilizamos el e-mail para comunicarnos con nuestros clientes. Ofrecer una dirección de e-mail es esencial, pero no es suficiente. Hay que responder con rapidez.

❝Un e-mail consigue tachar una tarea de nuestra lista mental de forma instantánea.❞

❝Al igual que en otras formas de comunicación el enfoque es importante.❞

❝Ofrecer una dirección de e-mail es esencial, pero no es suficiente. Hay que responder con rapidez.❞

La tecnología del e-mail puede ayudarnos en este sentido. La mayor parte de los sistemas de e-mail comercial cuentan con auto-contestadores que emiten un mensaje genérico "hemos recibido su e-mail" que se emite inmediatamente tras recibir un mensaje de una dirección particular. La decisión de utilizar un auto-contestador o no es delicada porque, después de todo, en realidad no proporciona a los clientes lo que han pedido y solamente va a agrandar la sobrecarga de la bandeja de entrada. No obstante, aún así, es probable que su utilidad sea buena siempre y cuando se emplee de la manera adecuada. Un buen auto-contestador de mensajes asegurará al cliente que su mensaje ha sido recibido (un verdadero beneficio tratándose de un sistema de comunicaciones lleno de agujeros negros como el e-mail), y les informará con exactitud de cuándo van a obtener una respuesta.

La parte referente al tiempo es esencial. Debe ser específico: "Le responderemos en un plazo de dos días laborables", en lugar de: "Le responderemos tan pronto nos sea posible". Si por cualquier razón, esta fecha límite de dos días debe incumplirse, el cliente debería recibir un mensaje explicativo (y pidiendo sus disculpas) en el que se detalle cuándo va a recibir una respuesta. Resulta tentador incluir también propaganda en un mensaje como éste; después de todo, está destinado a un grupo objetivo. No obstante, debe resistirse a esta tentación porque si un cliente se pone en contacto con usted, probablemente no son sus ventas lo que está buscando, de modo que no le obligue a recibir un e-mail que en realidad no le da lo que él ha pedido.

Al realizar dicha comunicación, debe darle rutas alternativas por si se diera el caso de que no pueda esperar a recibir su contestación. Puede indicarle una dirección web, números de teléfono o la dirección de sus instalaciones físicas a los que dirigirse. Utilice, además, un lenguaje positivo, sin que llegue a ser engreído o autoritario, y no intente simular que el e-mail ha sido enviado por una persona real. Resulta obvio que ha sido realizado de forma automática, así que seguramente sea preferible que lo emita como grupo, y no como persona individual.

Es diferente cuando se escribe una respuesta. La facilidad de duplicación de los e-mails hace que sea realmente tentador utilizar respuestas almacenadas. No hay nada malo en el hecho de tener plantillas y frases tipo, pero asegúrese de que

66 Asegúrese de que el e-mail específico es apropiado para esa persona. 99

el e-mail específico es apropiado para esa persona. Además, debe ir firmado por una persona en particular, no por el jefe ejecutivo o por cualquier otro directivo, sino por la persona con la que trata este cliente, y debe incluir una dirección de e-mail personal para que esa persona pueda responder, y no un e-mail genérico.

Podríamos detenernos aquí y seguir considerando a los e-mails como un magnífico vehículo para la comunicación con aquellos clientes que tienen acceso a él, pero podemos ir aún más lejos. Los e-mails pudieron comenzar como simplemente texto, pero ahora tienen un potencial mucho mayor. Se puede dar formato a los contenidos a modo de página web, se pueden incluir gráficos o pueden adjuntarse documentos y archivos. Los e-mails han pasado de ser notas sencillas a ser un sobre que puede llenarse de contenido adecuado.

Éste es un verdadero beneficio para la comunicación. El simple hecho de poder enviar un documento de esta manera, o de dar a su e-mail un formato más atractivo, aumenta su capacidad de comunicación, proporcionando un ancho de banda mayor y más flexibilidad. Sin embargo, a este poder le acompaña cierto grado de responsabilidad. Es correcto dar formato a sus e-mails utilizando el lenguaje HTML de la red, pero suponiendo que los programas de e-mail de su cliente lo admitan. Deles la opción de emplearlo en futuras comunicaciones en lugar de dar por sentado que pueden utilizarlo. Y si les envía documentos, asegúrese que su programa anti-virus está actualizado y es eficaz.

Este segundo requisito puede parecer obvio, pero en un año he recibido documentos de word con virus de un buscador web y de una compañía aérea. No sólo fue esto una falta de cuidado, sino que su respuesta a mi notificación fue pésima. El buscador web simplemente ignoraba mis e-mails y el representante de la compañía aérea me respondió, pero se limitó a decirme que ya no habría más problemas porque ya se habían eliminado todos los virus de su computadora. Parecía alegremente despreocupado del hecho de que hubiera infectado las computadoras de varios de sus clientes, y ni siquiera se molestó en disculparse.

Sigue siendo un hecho que los e-mails tienen un enorme potencial para mejorar las comunicaciones de los clientes (y, por lo tanto, el carisma) si las compañías se percataran de ello. Para empezar, la dirección de e-mail del cliente se hace recono-

❝Sigue siendo un hecho que los e-mails tienen un enorme potencial para mejorar las comunicaciones de los clientes.❞

UNA HISTORIA DE TERROR

SITIOS WEB RETICENTES

Este cliente ha visto que muchas compañías piensan que es suficiente con publicar una dirección de e-mail sin tener un mecanismo para hacer algo con ellos.

"Podría estar despotricando durante años de todos los sitios web a los que he enviado *feedback* indicando errores o deficiencias, de los que no he recibido ninguna contestación, y cuyo error no han corregido. Sin embargo, todavía es peor el caso de los sitios web a los que no hay forma de comunicar los problemas. Por ejemplo, www.peoplesound.com ha sido muy promocionada, pero en este sitio web hay varios vínculos que no funcionan y no hay posibilidad de realizar una búsqueda por título de canción, algo increíble en un sitio web de música. No se especifica ninguna dirección de e-mail a la que se pueda enviar *feedback*. Para mí, el coste de esto debe formar parte del modelo empresarial básico, aunque sólo sea un auto-contestador".

cible y resulta fácil de recordar. Si acostumbra a sus clientes a utilizar esta ruta le ahorrará dinero en la contestación de sus comentarios y abrirá un potente canal nuevo de comunicación proactiva. En segundo lugar, deben enviarse los e-mails de un modo oportuno, adaptándose a las escalas de tiempo del e-mail en lugar de las del correo. En tercer lugar, debe hacerle caso, y tomar partido. No se limite a contestar el e-mail del cliente, haga que ocurra algo y cuénteselo.

LA WEB SE PREGUNTA

Si el e-mail es la espina dorsal del diálogo básico con el cliente por Internet, la Web le permite la difusión, a la vez que da al cliente más oportunidades para responder de lo que suele ser lo habitual con un medio de radio y teledifusión. No es el

❞❞Si el e-mail es la espina dorsal del diálogo básico el cliente por Internet, la Web le permite la difusión.❞❞

❞❞Un sitio web puede ser un depósito de información que el cliente desea conocer.❞❞

momento adecuado para adentrarnos en ensalzar lo que forma un buen sitio web, pero desde el punto de vista de la comunicación con el cliente, un sitio web es una importante extensión del e-mail. (*Véase* la página 213 para obtener más detalles de *The Invisible Customer*, un libro orientado a proporcionar servicios al cliente por medio de la Web y de centros de recepción de llamadas.)

Específicamente, un sitio web puede ser un depósito de información que el cliente desea conocer. Podría indicar qué hacer cuando las cosas van mal (incluyendo, si es posible, actualizaciones), como por ejemplo, los drivers incluidos en sitios web de hardware de computadoras personales). Podría tratar cómo encontrar más información sobre sus productos, o simplemente dónde se encuentran sus instalaciones. Pruebe a elaborar las 20 preguntas más importantes que un cliente podría formular sobre su compañía y sus productos y después asegúrese de que, con sólo dos pulsaciones de ratón, puede acceder a esta información rápida y claramente desde su sitio web. Cuando el cliente entre en la página web apropiada, emplee toda la flexibilidad de la Web: si lo que necesita es encontrar sus oficinas, incluya un plano y también horarios de trenes para llegar hasta ellas, o un mapa de carretera e incluso páginas sobre la situación del tráfico.

La mayor ventaja que tiene la Web sobre prácticamente cualquier otro medio de comunicación con el cliente es el modo en que usted puede dar impulso al otro contenido de la Web para hacer que el suyo tenga más valor. No merece la pena incluir informes sobre el tráfico en su página, mas que en el caso de que un cliente quiera ir en coche hasta sus oficinas, pero es bastante sencillo introducir un vínculo que lleve hasta alguien que pueda proporcionarle dicha información de forma gratuita.

Una última consideración sobre la Web. Intente acceder a su sitio web como si usted fuera un cliente. Asegúrese de que utiliza una computadora ordinaria y una conexión telefónica lenta, no lo intente desde su oficina. Entonces, compruebe

> ❝Una última consideración sobre la Web. Intente acceder a su sitio web como si usted fuera un cliente.❞

> ❝Aunque las comunicaciones basadas en Internet cada vez tienen más éxito, el teléfono sigue existiendo como vínculo de unión entre usted y su cliente.❞

UNA HISTORIA DE TERROR

¿NÚMERO? ¿QUÉ NÚMERO?

Como este cliente averiguó, no es suficiente con asegurarse de el acceso a su número de teléfono es sencillo. Algunas compañías se esmeran tanto por asegurarse de que hay tantos número para diversas necesidades que el cliente se pierde en un laberinto de incompetencia técnica.

"BT, el proveedor de telecomunicaciones más importante del Reino Unido, y en la actualidad una corporación internacional, ofrece un plan en virtud del cual los clientes pueden elegir una serie de números, de manera que las llamadas a estos números reciben un descuento. Cuando recibí la factura telefónica de mi empresa, vi que estos números clave, que deberían ser los tres números de mi empresa, no eran correctos".

"La factura de teléfono mostraba cuatro números de asistencia para dudas sobre facturas, ventas, información errónea y servicio al cliente respectivamente. Probé a llamar al número de atención al cliente. Después de pulsar las teclas que me indicaba una grabación, hablé con una persona real, quien me dijo que debía llamar al servicio de información de los números del plan indicado. En este número me dijeron que debían introducir los nuevos números de teléfono, pero que para que mis líneas estuvieran activadas, debía llamar al 152, un número genérico de servicio a empresas de BT. El agente que me atendió en el 152 me dio otro número gratuito al que debía telefonear, pero mi sorpresa fue inmensa cuando el mensaje que oí fue: "Bienvenido a Orange" (una de las compañías telefónicas competidoras de BT)".

Volví a llamar al 152, y entonces ocurrió lo más divertido. Les informé de que el número que me habían dado me había comunicado con Orange y el agente me contestó: "Sí, es muy extraño, creo que a mí también me ha ocurrido". "Entonces, ¿para designar mis números clave de BT debo hablar con Orange?" "Un minuto, voy a comprobarlo". Cuando volvió me indicó que debía hablar con el servicio de información de los números clave. "Pero si fueron ellos quienes me dijeron que llamara al 152". Estaba tan segura que me comunicó directamente con el servicio de información. Cuando les hube explicado mi situación, me indicaron que debía hablar con el departamento de ventas. Finalmente, encontré a alguien que me pudo ayudar, sólo para decirme que la llamada en la que había cambiado todos mis números clave la semana anterior había sido ignorada. Al fin, y para colmo de males, tuvieron que preguntarme mi dirección para enviarme una carta de confirmación"."No es el coste de las llamadas, que eran todas gratuitas, sino el tiempo desperdiciado, cada vez que debía marcar un número diferente, cada vez que tenía que dar mi nombre, el nombre de mi empresa y mi número de teléfono. Necesité un total de siete llamadas para realizar una simple transacción. Así no hay manera de hacer las cosas".

que todos esos bonitos gráficos que el diseñador quiso incluir no ralentizan todo a paso de tortuga y no olvide a los clientes que, por una u otra razón (el empleo de un teléfono para acceder a la Web o clientes ciegos...), no tienen acceso a esos luminosos gráficos y que sólo dependen del texto para obtener la información. La Web puede hacer mucho más por usted que ser sólo un catálogo *on line*; es una oportunidad para ayudar a sus clientes 24 horas al día y siete días a la semana.

ENGANCHADO AL TELÉFONO

Aunque las comunicaciones basadas en Internet cada vez tienen más éxito, el teléfono sigue existiendo como vínculo de unión entre usted y su cliente, y el modo en que usted maneje dicha conexión va a influir en la relación del cliente. Todo comienza cuando ellos deciden telefonearle. ¿Resulta sencillo encontrar su número de teléfono? ¿Está impreso en sus productos y en las comunicaciones escritas que mantiene con el cliente? ¿Tiene un anuncio destacado en las Páginas Amarillas y una entrada fácil de encontrar en las Páginas Blancas? No tiene sentido proporcionar acceso telefónico si nadie puede encontrar el número.

Existe también el aspecto del número que los clientes marcan. ¿Es un número gratuito o deben pagar por la llamada? Se puede decir que los número gratuitos son unos de esos "factores negativos cuando no existen". Si usted es la única compañía con un número gratuito, es probable que no consiga muchos clientes. Sin embargo, si la norma en su actividad comercial es tener números gratuitos y usted es el único que no proporciona uno, sufrirá las consecuencias. Un compromiso común cada vez más frecuente es el número "*lo-call*" [N.del T.], un teléfono que la compañía pone a disposición de los clientes y por cuya llamada se cobra siempre llamada local, independientemente del lugar del país desde donde se realice la llamada.

De modo que, finalmente, el teléfono suena. Aquí surge otro punto crítico para su servicio al cliente. Si el número está ocupado o el teléfono suena durante demasiado tiempo, puede considerarse incluido en la lista negra del cliente. No

66 Si la norma en su actividad comercial es tener números gratuitos y usted es el único que no proporciona uno, sufrirá las consecuencias. 99

obstante, lo peor está por llegar porque lo más probable es que cuando el teléfono deje de sonar, se oiga un sistema interactivo de respuesta por voz cuyos dispositivos de selección de menú basados en el teclado numérico amargan la vida de todo cliente. Tal es la aversión que la mayor parte de las personas sienten por estos sistemas que están convirtiéndose en el blanco de los chistes de los cómicos, en sustitución del vídeo.

No importa la frecuencia con la que diga a un cliente que un sistema de voz automático "es para su comodidad" pues no conseguirá convencerle porque él sabe que lo utiliza para ahorrar dinero a su compañía, de modo que no tiene sentido intentar engañarle. Jim Spowart, jefe ejecutivo de la compañía de seguros y de banca telefónica del Reino Unido, Standard Life, comparte este punto de vista. Aunque Standard Life maneja unas 3.000 llamadas diarias en dos centros de recepción de llamadas, la compañía ha evitado intencionadamente los contestadores interactivos de voz. Spowart piensa que un cliente debería siempre contactar con un operador, y funciona. Cuando usted llama a Standard Life, se siente aliviado.

Esto no quiere decir que los sistemas interactivos sean totalmente inútiles. Al igual que los cajeros automáticos de los bancos, son un gran complemento para la interacción humana. Si usted desea telefonear a su banco y realizar una transacción de una cuenta a otra a las 3 de la madrugada, puede que desee hacerlo simplemente pulsando unas teclas de su teléfono. No obstante, la elección es del cliente.

Una solución intermedia que cada vez es más factible son los sistemas por voz natural. Aquí, en lugar de presionar las teclas del teclado numérico de su teléfono, el cliente habla al sistema, que interpreta sus indicaciones. La tecnología que permite este método ha avanzado drásticamente en los últimos años y cada vez es más práctica. La ventaja de los sistemas de lenguaje natural es que no precisan de un teléfono digital, lo que no carece de sentido porque todavía hay millones de teléfonos en todo el mundo con el antiguo sistema de marcación. Sin embargo, aún es más importante el hecho de que permiten una interfase con muchas más posibilidades. En lugar de pedir a un cliente que elija de entre las opciones de un aburrido menú, puede decir lo que desee. No obstante, aún así, estos sistemas son inevitablemente mucho más limitados que

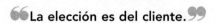 **La elección es del cliente.**

un ser humano, de modo que una vez más vemos que merece la pena proporcionar un mecanismo que nos dé acceso directo a un ser humano.

Cuando un cliente habla con alguien, el objetivo debería ser que la conversación sea lo más parecida a una conversación que mantienen dos personas que se conocen. Los sistemas de gestión del contacto y los de gestión de la relación con los clientes pueden ayudar, pero los beneficios se intensificarán al máximo si el cliente tiene un sistema para ponerse en contacto con una persona que conoce, en lugar de hablar con la primera persona que les responda en el centro de recepción de llamadas.

Si debemos devolver la llamada de un cliente, éste esperará una respuesta rápida, incluso más rápida que si se hiciera vía e-mail. Generalmente, devolver la llamada el mismo día debería ser la norma, permitiendo que se realice al día siguiente sólo si es demasiado tarde para llamar. La posibilidad demasiado frecuente de no devolver la llamada no debería ser factible. Dejar a un cliente esperando durante horas o días por una llamada es casi como negar su existencia. Si, por el contrario, el cliente estuviera físicamente frente a sus empleados, es bastante improbable que fueran lo bastante maleducados como para hacerle esperar durante horas o días. El teléfono no debe considerarse una pantalla que les permita hacer esto, sino un canal abierto de comunicación.

(Aquí sólo podemos analizar superficialmente el servicio telefónico al cliente; vea más detalles de *The Invisible Customer* en la página 213 para más información).

LA APERTURA DE CANALES

Cuando la comunicación con el cliente se ve apoyada y potenciada, causa un efecto inevitable en la imagen de la compañía. Es irremediable que una compañía que realmente escucha y que realmente se comunica tenga carisma. La mayor parte del objetivo de este capítulo ha sido el de hacer que la comuni-

❝Si debemos devolver la llamada de un cliente, éste esperará una respuesta rápida, incluso más rápida que si se hiciera vía e-mail.❞

❝Cuando la comunicación con el cliente se ve apoyada y potenciada, causa un efecto inevitable en la imagen de la compañía.❞

cación se produzca. Sin embargo, merece la pena considerar también la calidad de dicha comunicación.

¿Cuál es la diferencia entre la clase de comunicación que podemos obtener en la hipotética tienda de un pueblo y en su empresa? La conversación de la tienda es, por supuesto, más relajada y, a no ser que haya más clientes, el dependiente no parece tener prisa. Pero aunque éste fuera el caso, el dependiente de la tienda de un pueblo es capaz de mostrar calma y falta de presión. Este dependiente le conoce. Como vimos en el capítulo anterior, cuanto más conozca a los clientes el personal de atención al cliente, mejor será su servicio. Desde el punto de vista de la comunicación, despeja todos los tópicos de la conversación que, de otro modo, no estarían disponibles.

El término "conversación" es importante. Es demasiado frecuente que, cuando trata con el personal de primera línea de una gran compañía, usted realiza una transacción, y que cuando trata con el dependiente de la tienda de un pueblo, mantiene una verdadera conversación. Por supuesto, éstas son las palabras necesarias para llevar a cabo un negocio, pero siempre surgirán los comentarios sobre el tiempo, los comentarios del pueblo, las vacaciones y la familia. El negocio se produce en un contexto de interacción humana, no mecánica.

Básicamente, cualquier persona puede mantener una conversación en lugar de realizar una simple transacción, puesto que los comentarios sobre el tiempo pueden ser utilizados con cualquiera. No obstante, es más probable que esto ocurra en los casos en los que el personal de atención al cliente es conocido y el cual conoce a los clientes.

Su comunicación será tan buena como sus empleados y las metas que usted les haya puesto. Si una buena comunicación no se incluye entre estos objetivos, no se sorprenda de que no se produzca. Requiere tiempo y esfuerzo, pero merece la pena por todo lo que implica.

❝Es más probable que esto ocurra en los casos en los que el personal de atención al cliente es conocido y el cual conoce a los clientes.❞

❝Su comunicación será tan buena como sus empleados y las metas que usted les haya puesto.❞

12 EL DUODÉCIMO COMPONENTE

El duodécimo componente tiene una cualidad misteriosa: no es una propiedad general que pueda aplicarse a cualquier campo empresarial, sino que es una especialidad única de su compañía, los aspectos que la hacen diferente de todos sus competidores. Toda compañía tiene algo y muchas tienen varias facetas únicas, pero el grado en que desarrolle esa diferencia y el partido que saque de ella depende de usted.

¿EXISTE?

El duodécimo componente tiene algo de misterioso hasta tal punto que, para empezar, yo ni siquiera estaba seguro de que existiera. Sin embargo, cuanto más lo analizo, más me convenzo de que *hay* algo ahí, algo muy especial. El énfasis del duodécimo componente es la singularidad. Esto se refiere al aspecto de su compañía que es especial, tan especial que la diferencia de la mayor parte de nuestros competidores. No tiene por qué ser grande, ni tampoco tiene que ser algo generalmente considerado como positivo, pero le da un punto fuerte único.

El duodécimo componente tiene algo de misterioso hasta tal punto que, para empezar, yo ni siquiera estaba seguro de que existiera. Sin embargo, cuanto más lo analizo, más me convenzo de que hay algo ahí, algo muy especial. El énfasis del duodécimo componente es la singularidad. Esto se refiere al aspecto de su compañía que es especial, tan especial que la diferencia de la mayor parte de nuestros competidores. No tiene por qué ser grande, ni tampoco tiene que ser algo generalmente considerado como positivo, pero le da un punto fuerte único.

Veamos un ejemplo: yo dirijo una compañía llamada Creativity Unleashed Limited, en la que realizamos tres servicios o productos (nunca sé cómo llamarlo): escribir libros empresariales como éste, proporcionar periodismo empresarial e informático y ofrecer instrucción en creatividad empresarial. Estos aspectos se basan en la experiencia de nuestro principal recurso operacional: yo. En cada uno de estos aspectos reside una oportunidad de ser un poco especial. Hay muchas personas que proporcionan instrucción en creatividad empresarial y consultoría, pero no muchos que hayan escrito una serie de libros sobre este tema. Hay muchos periodistas empresariales y de informática, pero no muchos que hayan sido jefes ejecutivos en grandes compañías. También hay muchos autores empresariales, pero pocos pueden combinar experiencia empresarial práctica, la implicación de ser periodista y la innovación del practicante de creatividad.

No pretendo sorprender a nadie con ninguno de estos méritos, pero su combinación proporciona ventaja, me hacen ser un poco especial en mi campo de operación, y ser un poco especial para los clientes es un componente decisivo del carisma.

No está mal para un hombre que lo hace todo solo, en cuyo caso la combinación de capacidades y experiencia es crucial para el éxito, pero ¿qué ocurre con una compañía más grande? Quisiera señalar que el tamaño no marca ni la más mínima diferencia. Son los intereses, las capacidades y la experiencia de su gente, y las oportunidades especiales que tiene, desde su ubicación a su apariencia, independientemente de lo grande que sea su compañía. Si utiliza estos activos y oportunidades sabiamente, logrará el duodécimo componente.

66Ser un poco especial para sus clientes es un componente decisivo del carisma.99

66El tamaño no marca ni la más mínima diferencia.99

Éste es un concepto muy familiar para la fraternidad de marketing. Suele llamarse PUV (propuesta única de venta) y la forman los factores clave de su empresa, sus productos y sus servicios que le permiten diferenciarse de la oposición en su publicidad y en todas las comunicaciones que dirige a los clientes. El duodécimo componente se aplica al servicio al cliente.

¿PUV?

Merece la pena dedicar unos instantes al asunto de la PUV porque este concepto, que ha sido analizado con profundidad en círculos de marketing, está directamente relacionado con el duodécimo componente, incluso aunque no siempre funcione del mismo modo. Idealmente, una PUV debería ser algo que no haya sido utilizado por un competidor, debe ser algo claro y fácil de comprender por cualquier cliente, además de ser lo suficientemente corto y agradable como para incluirlo en toda su publicidad, sus bolsas o sus membretes; independientemente de su grado de comunicación con el mundo, siempre debe recordarles su PUV.

Las PUV pueden ser muy sofisticadas. El de The Body Shop podría ser algo del estilo de "la tienda de cosméticos que se preocupa por el medio ambiente". También puede ser algo más llano como: "Somos el número dos, por eso seguimos esforzándonos" o "El número uno en ventas". Una vez que haya identificado la PUV, ésta debe ser grabada en la memoria del público de modo que sea asociada con su compañía. Esto significa que hay que repetirla hasta la saciedad, y también desarrollarla.

Un buen ejemplo puede ser la reciente publicidad del fabricante alemán de automóviles BMW. Su PUV se refiere a la calidad de su diseño y su fabricación, pero en lugar de limitarse a indicar esto, los anuncios de BMW examinan repetidamente el increíblemente intenso trabajo de sus diseñadores para asegurarse de

❝Independientemente de su grado de comunicación con el mundo, siempre debe recordarles su PUV.❞

❝En ocasiones no es suficiente con tener una PUV; a veces hay que ayudar a las personas a comprender lo que significa.❞

que el producto es perfecto. En ocasiones no es suficiente con tener una PUV; a veces hay que ayudar a las personas a comprender lo que significa.

Una PUV puede ser compuesta, combinando las diferentes ventajas de su compañía, pero dicha mezcla de mensajes pronto termina siendo confusa. Cuando haya terminado de decir "somos la mejor compañía de pizzas que entrega sus pedidos con puntualidad o le devolvemos el doble de su valor, que siempre las entrega calientes o le regala otra pizza y que, si equivoca su pedido, le regala un cupón gratuito válido para unas vacaciones. ¡Oh! Además puede pagar a nuestros mensajeros en efectivo (sí, es cierto, siempre tienen cambio) y con tarjetas de crédito", sólo habrá conseguido crear confusión. Éstos podrían ser todos diferenciadores únicos frente a la competencia, pero con ellos habrá perdido claridad en el mensaje con el que se encontrarán sus clientes cada día. Habría sido preferible decir "damos satisfacción, no excusas", aunque es algo vago y carente de los rasgos sencillos y claros que hay en el corazón de una PUV.

Éste único objetivo y la simplicidad de una PUV son las razones por las que digo que forman parte del duodécimo componente, si bien no del todo él. Este componente está compuesto de toda sus ventajas únicas, no sólo de la principal con la que quiere quedar grabado en la memoria de los clientes. Hay mucho más.

SUS ACTIVOS

Desde su PUV, la búsqueda del duodécimo componente completo se extiende a sus activos como un todo. Como compañía, ¿qué puede ofrecer usted al cliente? Sus empleados, su establecimiento, su equipamiento, su estilo y su servicio. Cada uno de ellos puede contribuir a su singularidad.

Cada uno de los miembros del personal es una persona, no otra pieza más de un mecanismo. No trato de dar un discurso de trabajador social, sino una evaluación práctica de su valor potencial para la compañía. Tienen más cualidades de las que se requieren para el puesto de trabajo que desempeña. Podrían bien ser cantantes o actores, escritores o deportistas, o bien expertos en protagonistas de series o entusiastas de la jardinería, y el uso más inteligente de sus empleados implica tener conocimiento de estos rasgos. Es posible que no vaya a utilizarlos inmediatamente,

❝Como compañía, ¿qué puede ofrecer usted al cliente?❞

pero sacar partido de las cualidades individuales de la plantilla y permitir que los clientes tengan acceso a ellas puede proporcionar una verdadera ventaja.

Lo mismo ocurre con sus instalaciones y su equipamiento. A menudo las compañías pisotean sin miramientos los rasgos únicos de un lugar para lograr una estandarización, pero al hacer esto están desechando parte del duodécimo componente. Visite una ciudad con tiendas que no hayan sido simplemente construidas con hormigón *pre-stressed*, sino que se hayan integrado en una fachada existente. Dé un paso atrás y observe tanto los pisos inferiores como los superiores y la fachada. Casi siempre podrá ver bonitas y únicas estructuras cuyo interior ha sido, sin embargo, convertido en una insulsa tienda estándar que podría bien encontrarse en un centro comercial construido ayer, en lugar de encontrarse en un edificio histórico.

Ahora compárelo con la experiencia de comprar en el asombroso establecimiento de Liberty de Londres, situado en Regent Street. Liberty, que es simple y llanamente el almacén más elegante del mundo, no pretende convertirse en otro Macy's o Harrods. Tampoco vende cualquier cosa, pero todos sus productos, desde sus exclusivos tejidos hasta sus regalos, llevan su sello especial. Sin embargo, lo importante es que Liberty no es una caja sin rostro como muchos grandes almacenes, sino que es un edificio que, tanto fuera como en su interior, más bien parece una deliciosa fantasía. La estructura única de este establecimiento de Liberty ha sido convertida en una característica, en lugar de ser considerada como un estorbo y separada con un muro.

Pocas empresas pueden sacar partido a un equivalente del edificio de Liberty, pero también es cierto que muy pocas utilizan adecuadamente el espacio y la estructura únicos que cada edificio puede ofrecer. Es más, esconden grandes estancias a las que el cliente nunca tendrá acceso, y las ocultan en lugar de ofrecer la singularidad de su estructura. No dejan que el edificio venda por sí solo. Y ésta no es una consideración únicamente para las tiendas, sino para cualquier edificio que los clientes puedan visitar.

Podemos tomar la misma postura con cada activo al que su empresa tenga acceso. No tendrá que preocuparse por todos ellos, pues hay muchos en los que

UNA HISTORIA CON FINAL FELIZ

CONTRATADA PARA DAR SERVICIO

La sociedad financiera Abbey National otorgó un premio recientemente a un miembro de su personal, Gill Dixon, por haberse tomado la molestia de encontrar a un proveedor que elaborase los documentos para su compañía en Braille. Además, en su tiempo libre, aprendió el lenguaje de signos para poder ofrecer un mejor servicio a los clientes sordos. Otras compañías podrían haber dado al traste con los esfuerzos de la señora Dixon, indicando que ellos tenían una "estrategia a nivel de toda la compañía para los casos de clientes con deficiencias", pero en este caso, la iniciativa única de un miembro del personal para comunicarse con los clientes ciegos y sordos fue invitada a destacar.

se puede pensar. También existe la oportunidad de ir más allá de los activos que tiene en la actualidad, asumiendo otros nuevos con el propósito de impulsar el duodécimo componente y su singularidad.

SUS OPORTUNIDADES

Usted no está limitado a la singularidad que ya existe en su base de activos, sino que puede contratar, comprar, diseñar y construir con la singularidad en mente.

Comencemos con las personas. Sería increíblemente estúpido, si las leyes laborales lo permitieran, que se pudiera contratar como personal de primera línea sólo a personas pelirrojas. Es algo especial suyo. No quiere decir que su servicio vaya a ser mejor por ello, pero hace que su tienda destaque por encima de las demás. De forma similar, podría contratar a personas que fueran extraordinariamente atractivas para el sexo opuesto. Cualquiera de las dos opciones podría ser el punto de partida de este componente del carisma. Sin embargo, sería mejor que la cualidad singular por la que contratara a su personal de atención al cliente fuera una más vinculada directamente con un buen servicio, como por ejemplo que todos sus empleados hablaran, al menos, una lengua extranjera, que pudieran cantar o que sus trabajadores hubieran trabajado para un mínimo de dos de sus

66Lo importante parece ser crear su rasgo distintivo único en lugar de uno genérico, e ir a por ello al 110 por ciento.99

competidores y supieran qué hay que mejorar. Independientemente de lo que elija, sin duda puede contratar para diferenciarse.

Esto es incluso más sencillo con los establecimientos. Como Hard Rock Café demostró en 1971, y que sus imitadores han hecho desde entonces, se puede influir en sus clientes con un entorno único que añada fascinación a la experiencia de las ventas. Técnicamente podrían acudir allí para comprar una hamburguesa, pero también para impregnarse del ambiente: un museo rock y la oportunidad de comprar una gran gama de *souvenirs*. El problema con esta clase de singularidad importada, frente a las cualidades únicas de un edificio, es que es demasiado fácil que surja competencia "yo-también".

Esto puede observarse con los competidores de Hard Rock Café y más aún en los pubs del Reino Unido, pues muchos de ellos ahora tienen una gran variedad de artículos "antiguos" elegidos al azar colgados de las paredes que no constituyen nada especial. Sin embargo, entre en un pub donde se ha realizado un esfuerzo especial, en el que puede haber una maravillosa colección de relojes o un entorno completamente victoriano, y se verá la diferencia. Lo importante parece ser crear su rasgo distintivo único en lugar de uno genérico, e ir a por ello al 110 por ciento.

Lo lejos que usted llegue con la singularidad de sus activos depende de su presupuesto y de su disposición, pero prácticamente cada empresa puede contribuir a este sentimiento. Yo no voy a tratar con cada activo posible, pero tomemos un aspecto común de un entorno comercial: la caja registradora. Las cajas registradoras son un ejemplo maravilloso de oportunidad de ser diferente que se desperdicia día tras día. Recapacitemos sobre este aspecto.

Esperar en caja no es, por lo general, una experiencia que nos alegre. Usted ha tomado una decisión, quiere llevar su compra a casa y disfrutar de ella, consumirla o hacer lo que más le apetezca. La última cosa que quiere hacer es guardar la cola y después pasar por un galimatías de pagos y recibos. Ésta es la particularidad del sistema Shop and Go de Safeway (*véase* la página 57), que minimiza el impacto de la espera en caja. Sin embargo, si se trata de ser creativo, podría ocurrir que en lugar de desechar la caja registradora, hagamos que esta experiencia sea un poco más agradable.

Una postura es la de mirar atrás. Hace muchos años (aunque todavía puedo recordarlas en algunas tiendas), era frecuente que las operaciones de caja no se realizaran en la caja registradora. El dependiente colocaba un recibo y el dinero en un cilindro, que los conducía por un sistema neumático hasta una oficina central de pagos. El cambio volvía por el mismo tubo. Había algo mágico en estos aparatos anticuados. Si pudiera soportar la tardanza, y hacer este dispositivo tan transparente como sea posible, podría devolverse el glamour que rodea a las compras. Probablemente los tubos sólo podían ser utilizados para recoger dinero en efectivo y recibos, de modo que el cliente no debía esperar por nada, pero podría disfrutar de la breve, si bien emocionante, experiencia de ver el cilindro ir disparado por el sistema.

Alternativamente, se podrían considerar ambas posibilidades. Las cajas registradoras de los restaurantes de comida rápida están todas perfectamente programadas para anotar el precio de cada producto comprado con sólo pulsar un botón. No obstante también son muy insulsas, de modo que podría incluirse en ellas algún tipo de tecnología de vídeo-juegos con hamburguesas y patatas fritas animadas bailando por la pantalla, de manera que siempre pudiéramos saber con exactitud cuál era el pedido. También puede conectarse la caja registradora con tecnología de juegos recreativos, de modo que pueda verse cómo el cambio es empujado de entre un gran montón de monedas, o incluso se podría dar la opción de apostar o jugar a doble o nada con el cambio.

Éstas son simplemente dos sugerencias, pero hay muchas, muchas manera de hacer que la caja registradora sea una atracción única (si desea obtener más información sobre más opciones puede enviarme un e-mail a brian@cul.co.uk). Lo importante es que incluso el artefacto más mundano y aburrido de su lista de activos puede convertirse en algo de lo que hablen todos sus clientes. Este mismo enfoque puede adoptarse con cualquier otro activo con el que haya tomado contacto el cliente. La oportunidad está ahí, y usted puede hacerse con ella.

66La oportunidad está ahí, y usted puede hacerse con ella.99

66Encontrar sus rasgos únicos es un ejercicio de observación y de creatividad.99

EN BUSCA DEL NÚMERO 12

No es una coincidencia que, al tratar el duodécimo componente, hayamos vuelto a la creatividad, que es la fuerza impulsora de muchos de los componentes del carisma. La creatividad es esencial para cualquier compañía que realmente quiera estar a la vanguardia de las compañías con carisma. (*Véase* la página 212 para ver más detalles sobre libros que traten la potenciación de la creatividad, que es un proceso que va de la mano con la creación de carisma).

Encontrar sus rasgos únicos es un ejercicio de observación y de creatividad. ¿Qué tiene usted que le haga diferente, que le haga destacar? ¿Qué tienen sus empleados, sus productos, sus marcas, su entorno y su equipo que le hacen único? Sin embargo, no se detenga ahí, especialmente si sus rasgos distintivos reales carecen de fuerza. Casi cualquier aspecto de su empresa puede convertirse en el tema de conversación. Observe las áreas que causan más insatisfacción en el cliente, como la caja registradora, y para ello examine la interacción del cliente con su compañía. ¿Qué experimentan los clientes? ¿Qué elementos de esa experiencia absorben un gran espacio de tiempo o son especialmente significativos o difíciles? Ahora utilice su creatividad para cambiarlos de un modo que le haga destacar.

Al contrario que los demás componentes, el número doce no sólo varía de compañía a compañía, sino que también cambia con el tiempo. Es posible que la tarea sea más difícil con los otros componentes, pero los principios básicos seguirán siendo valiosos. Con este duodécimo componente, la originalidad de sus ideas se reducirá en el tiempo a medida que otros le imiten y roben sus ideas. Cada año o cada dos años, necesitará reinventar su originalidad, pero el esfuerzo habrá merecido la pena.

66Casi cualquier aspecto de su empresa puede convertirse en el tema de conversación.99

LA CREACIÓN DE CARISMA

Durante mucho tiempo se pensó que el carisma, al igual que la creatividad, se tenía o no se tenía, pero se ha demostrado que ambas afirmaciones son incorrectas. La creatividad puede ser impulsada con las técnicas apropiadas o puede crecer con la aplicación de los doce componentes. Tras dar los primeros pasos para cautivar a los clientes, debe continuarse con la evaluación de la posición actual.

¿DÓNDE SE ENCUENTRA AHORA?

Como ocurre con cualquier cambio, es útil evaluar la situación actual antes de intentar seguir adelante. Este capítulo trata de fomentar la medición de sus efectividad en cada uno de los doce componentes del carisma y comenzar a actuar en aquellas áreas con mayor impacto. Es posible que se produzca un fallo uniforme, o que exceda las expectativas en un par de componentes, mientras que se muestra particularmente débil en otros. Sin una evaluación básica de su posición, es muy difícil asegurarse de cuál es la necesidad. Algunos componentes pueden no aplicarse, pues, por ejemplo, no todas las empresas pueden recurrir a las maravillas de la técnica, pero no crea que debe ignorar toda posibilidad. Es bastante posible imaginarse las maravillas de la técnica en el sector financiero, por ejemplo.

EVALUACIÓN BÁSICA

En los grupos de cortas declaraciones que aparecen a continuación podrá evaluar su estátus en relación con los doce componentes. No intente ser demasiado cuantitativo; será suficiente con valorar cada medida como alta, media o baja, en función de sus resultados en la misma. Si existe la posibilidad, repita este ejercicio con una serie de miembros del personal, desde las capas directivas hasta el personal de primera línea. Si cuenta con sesiones de grupo u otras oportunidades para interactuar con sus clientes, realícelo también con ellos.

Una consideración muy importante con los resultados es que no debe intentar extraer una media de las diferentes personas que le han proporcionado datos. De esta manera, solucionará las partes turbulentas de la información, aunque son estas partes las más interesantes. Cuando alguien ha identificado un componente como particularmente deficiente (la mayor parte de las declaraciones dan una puntuación baja), debe averiguar por qué. En lo que se refiere a un servicio excepcional al cliente, las historias son mucho más importantes que las estadísticas.

❝Como ocurre con cualquier cambio, es útil evaluar la situación actual antes de intentar seguir adelante. ❞

1 **Avanzar un año luz**

- Nosotros no sólo damos un paso adelante, sino que avanzamos un año luz.

- Nuestros clientes se van con una sonrisa en el rostro.

- No tenemos clientes difíciles, sino retos interesantes.

- Nos aseguramos de que nuestros clientes obtienen lo que *quieren*, no lo que nuestros sistemas están diseñados a proporcionar.

- Cuando los clientes hablan sobre nuestros empleados, dicen: "Se desviven por ayudar".

- Nuestro personal averigua cuándo debe hacerse algo y simplemente lo hace, y son recompensados por ello.

2 **Si se ha estropeado, arréglelo**

- Ante la duda, creemos al cliente.

- Cuando nos equivocamos, nuestra compensación es mayor de lo que el cliente espera.

- Nuestra compensación es entregada con entusiasmo, y no a regañadientes.

- Siempre nos disculpamos, incluso aunque pensemos que no tenemos la culpa.

- La compensación se basa en el juicio de un miembro del personal, no en reglas arbitrarias.

- Demostramos a nuestros clientes que confiamos en ellos.

- Demostramos a nuestros empleados que confiamos en ellos.

- Proporcionamos al personal la suficiente información como para ser capaces de actuar con sensatez utilizando su propio juicio.

- Si un cliente nos informa de que hemos cometido un error a su favor, le recompensamos por ello.

- No esperamos a recibir las quejas, sino que solucionamos las cosas de forma proactiva.

❝En lo que se refiere a un servicio excepcional al cliente, las historias son mucho más importantes que las estadísticas.❞

3   Estoy enamorado de mi coche

- Nuestros productos son únicos y peculiares.

- Nuestros productos reproducen un diseño clásico.

- Los clientes nos envían e-mails alabando nuestros productos.

- Los clientes forman clubs de nuestros productos.

- Los clientes sienten afecto por nuestros productos.

4   Me conocen

- Damos a nuestros clientes la sensación de ser una pequeña compañía.

- Damos la bienvenida a nuestros clientes como si fueran viejos amigos.

- Escribimos a los clientes de forma individual.

- Nuestro personal de atención al cliente está compuesto por grandes conversadores.

- Utilizamos sistemas para maximizar la información que se da al personal de atención al cliente con el fin de que forjen una relación.

- Nuestro personal tiene verdadero interés por sus clientes.

- Nuestro personal realmente aprecia a sus clientes.

5   El poder de las estrellas

- Utilizamos la personalidad de la persona que dirige la compañía para venderla.

- Aseguramos constantemente que la estrella de nuestra compañía se muestra en los medios de comunicación.

- Estamos preparados para contratar a una estrella que encabece la organización.

- Nuestra estrella siempre está disponible cuando la necesitamos.

- Realizamos un uso completo de la cualidad de estrella de los miembros de nuestro personal.

6   Son personas como nosotros

- Tratamos a los empleados como seres humanos.

- Cada cliente conoce, al menos, a un empleado por su nombre, y es su punto de contacto habitual.

- No utilizamos letreritos de identificación.

- Nos aseguramos de que conocemos a los clientes, utilizando nuestro (y su) nombre.

- No utilizamos guiones, pero tenemos una buena guía.

- Contratamos y fomentamos a los empleados para que muestren entusiasmo por nuestros productos y por los intereses de nuestros clientes.

- Creamos un campo de juegos común con nuestros clientes.

- Si tenemos una base de clientes claramente segmentada, contratamos a personal de atención al cliente dedicado a los diferentes segmentos de esta base de clientes.

- Nuestros clientes confían en nuestro personal.

- Permitimos que nuestro personal sean personas individuales.

7   ¡Sorpresa, sorpresa!

- Damos a nuestros clientes sorpresas agradables.

- Realizamos cambios sorpresa regularmente en los precios o en las ofertas especiales.

- Sorprendemos a nuestros clientes con regalos inesperados.

- Sorprendemos a nuestros antiguos clientes con incentivos para que vuelvan.

- Utilizamos técnicas de creatividad para potenciar nuestra originalidad.

- Nos divertimos y hacemos que tratar con nosotros sea divertido.

8   Maravilla de la técnica

- Nuestros productos emocionan a los clientes.

- Proporcionamos a los clientes productos que no sabían que querían, pero que les invitan a exclamar "¡caramba!".

- Nuestros productos son bonitos.

- Nos dirigimos a los adolescentes para motivar a los adultos.

- Si nuestra línea principal no es producir juguetes para adultos, utilizamos juguetes para adultos en nuestra venta.

9   Son míos, todos míos

- Todos nuestros empleados son accionistas.

- Todos nuestros clientes son accionistas.

- Nuestros clientes regulares pueden convertirse en accionistas gratuitamente.

- Vamos más allá del informe anual a la hora de comunicarnos con los clientes y los accionistas.

- Siempre incluimos un trato con cada comunicación que se realiza con los accionistas.

- Preguntamos a los clientes qué quieren que hagamos.

- Cuando los clientes realizan comentarios, siempre les respondemos en un plazo de dos días.

- Cuando los comentarios del cliente requieren que se lleve a cabo una acción, siempre actuamos o les hacemos saber por qué no hemos hecho nada en una semana.

- Damos a nuestros clientes el control de sus interacciones con nuestra compañía.

- Damos a los clientes regulares beneficios adicionales.

- Todos nuestros clientes se reúnen regularmente con los directivos y con el personal de primera línea.

10 Bonito y tierno

- Los clientes piensan en nuestros productos, en nuestro personal o en nuestra compañía con afecto.

- Tenemos una bonita mascota con la que los clientes se identifican.

- Nuestra imagen corporativa es una a la que los clientes se refieren con naturalidad.

- Nos asocian con aspectos y causas populares.

- Nuestros productos piden que se les sostenga en las manos.

- Nuestro personal de atención al cliente son la clase de personas con las que le gustaría quedarse atrapado en un ascensor.

- Utilizamos cualquier área en la que la compañía se muestra desvalida para ganar el afecto del cliente.

11 Estamos en contacto

- Mantenemos un diálogo regular y frecuente con todos nuestros clientes.

- Escuchamos lo que los clientes tienen que decir y actuamos en consecuencia. Siempre.

- Comunicamos a nuestros clientes lo que ocurre en cada transacción.

- No colocamos barreras físicas a la comunicación en las áreas de servicio al cliente.

- No tratamos a los clientes como si fueran delincuentes para excluir a los pocos que sí lo son.

- Utilizamos e-mails personales para mantenernos en contacto con los clientes que están conectados.

- Nuestro sitio web da a los clientes una oportunidad para servirse a sí mismos.

- Tenemos un único número de contacto con el cliente fácil de utilizar.

- No utilizamos inútiles sistemas interactivos de respuesta por voz.

- Mantenemos conversaciones reales con nuestros clientes.

12 El duodécimo componente

- Todas las personas de la compañía saben cuál es nuestra PUV.

- Nos aseguramos de que todos nuestros clientes y los clientes potenciales conocen nuestra PUV.

- Utilizamos las capacidades especiales de cada miembro del personal para ampliar nuestra singularidad.

- Utilizamos la naturaleza individual de nuestras instalaciones para ampliar nuestra singularidad.

- Contratamos singularidad.

- Hemos incluido la singularidad en nuestras instalaciones.

- Hacemos que nuestros activos sean diferentes y emocionantes para los clientes.

- Pensamos de forma creativa sobre los activos y procedimientos cotidianos para hacer de ellos algo único y emocionante para el cliente.

RECONOCIMIENTO

Antes de llevar a cabo ninguna otra acción, es necesario reconocer que existe un problema. Si usted se siente cómodo con los servicios que ofrece al cliente, no tendrá casi ninguna necesidad de realizar esfuerzos mayores para mejorarlo. Sin embargo, debe comprobar que no está confundiendo la comodidad con la autosatisfacción, porque los puntos de vista de sus clientes pueden ser muy diferentes. Cuando publiqué mi solicitud para conocer casos que después estudiaría y que aparecen como ejemplos en este libro, la mayor parte de ellos eran negativos. Muchos trataban de historias negativas sobre compañías que se enorgullecen de su servicio al cliente.

La postura tradicional para determinar la calidad percibida de servicio al cliente es la de realizar una investigación de mercado. Usted puede realizar una si lo desea, pero no le dará la suficiente información. Podría descubrir que el 95 por ciento de sus clientes (o, al menos, aquellos que se molestaron por contestar su encuesta) están satisfechos, pero esto podría dejar insatisfechos a miles. Sin embargo, lo más importante es que no estamos buscando satisfacción. Si yo tengo hambre, ésta puede ser satisfecha con comida basura,

> 66Debe comprobar que no está confundiendo la comodidad con la autosatisfacción.99

pero no entusiasmaré con ello a mis amigos y relaciones del modo en que podría hacerlo tras una gran comida en un buen restaurante. Lo más probable es que usted esté dando un servicio basura y esto no va a darle ninguna ventaja competitiva.

LOS PRIMEROS PASOS

Asegúrese de que este conocimiento de la necesidad llega a toda la compañía, desde la dirección hasta cada miembro del personal de atención al cliente, utilizando todos los medios y todas las oportunidades, porque sin una comprensión adecuada de la necesidad, no se tomará ninguna acción.

Entonces, considere sus respuestas a las declaraciones que acaba de leer y encuentre los componentes que sean particularmente débiles, leyendo de nuevo los capítulos de estos componentes en busca de oportunidades para cambiar. Exactamente qué y cómo diferirán tanto de una compañía a otra que no puede haber una respuesta prescriptiva. No se trata de seguir una serie de pasos bien definidos señalando las casillas según se va avanzando. Sin embargo, debería ser posible identificar algunas áreas que necesiten una acción reparadora.

Existe la posibilidad de que tenga que cambiar de empleados, y casi sin duda tendrá que cambiar (y muchas veces descartar) políticas y procedimientos. Además deberá forjar confianza tanto en su personal como en sus clientes. Los primeros pasos no van a producirse de la noche a la mañana, pero esto no es un ejercicio de cosmética, sino una transformación.

❝No estamos buscando satisfacción.❞

❝El hambre puede ser satisfecha con comida basura (...)
Lo más probable es que usted esté dando un servicio basura.❞

❝Tenga cuidado para que la
autosatisfacción no vuelva a aparecer.❞

❝Los nuevos competidores carecen
de muchas de sus desventajas.❞

UN PLAZO MÁS LARGO

Cada componente puede proporcionar beneficios a largo plazo. Cuando usted dé los primeros pasos, probablemente ya se habrá situado a la cabeza de la competencia, pero tenga cuidado para que la autosatisfacción no vuelva a aparecer. Su competencia también está cambiando y resulta que los nuevos competidores carecen de muchas de sus desventajas. Éste es un programa para el resto de la vida de la compañía, no un campaña de seis meses.

Durante un período más largo de tiempo necesitará revisar su estátus periódicamente, probablemente con una frecuencia anual, diferentes componentes serán más importantes, pero, en términos generales, la necesidad de seguir creando carisma continuará existiendo.

COMIENCE AHORA

Sólo hay un momento para comenzar a cautivar a sus clientes y alejarse del servicio basura: ahora.

Debería tomar alguna acción una semana después de haber leído este libro, pues, de lo contrario, ya habrá fallado en uno de los preceptos del carisma: usted no escucha ni responde. Considere este libro como un mensaje de sus clientes, de los clientes de todas las personas. Quieren cambiar, y si usted puede escuchar y responder inmediatamente, tendrá una enorme ventaja sobre la competencia. No lo deje. Si no actúa ahora, es posible que nunca vuelva a tener una oportunidad para hacerlo. Su compañía tiene la necesidad urgente de recibir una inyección de carisma y es el momento de dársela.

66Sólo hay un momento para comenzar a cautivar a sus clientes y alejarse del servicio basura: ahora.99

66Si no actúa ahora, es posible que nunca vuelva a tener una oportunidad para hacerlo.99

MÁS INFORMACIÓN

¿De dónde proviene el carisma? ¿Cómo puede cautivar a los clientes? Hemos explorado doce componentes y a continuación aparece una serie de libros que pueden ayudar a ampliar algunos de estos elementos. Rara vez son libros directamente dedicados al servicio al cliente. Normalmente hay algo diferente en ellos, pero ese es el objetivo.

CORTEJAR AL CLIENTE

Jay Abraham, *Getting Everything You Can Out Of All You've Got* **(Piatkus, 2000)**

Abraham está considerado uno de los mayores gurús del marketing del mundo, y sabrá por qué cuando lea este libro. Está subtitulado con "21 formas en las que puede pensar mejor, ejecutar mejor y ganar más que los demás", y es una guía muy buena para potenciar los beneficios. Como objetivo del libro está la noción de que debe considerar al cliente como un amigo. Tiene un estilo muy impetuoso, pero no se deje disuadir por ello.

Paul Dickinson y Neil Svesen, *Beautiful Corporations* **(FT/Prentice Hall, 2000)**

Este corto libro, que por sí mismo es un monumento al estilo (Svensen es considerado su "diseñador"), analiza la importancia del estilo en la nueva empresa y sugiere que uno de los factores diferenciadores para el cliente es el modo en que la compañía enfoca el diseño (incluyendo una amabilidad ambiental). Es un poco pretencioso, pero tiene valor.

David Freematle, *What Customers Like About You* **(Nicholas Brealey, 1998)**

Una fascinante exploración del beneficio de añadir valor emocional a la relación con el cliente. En un libro repleto de fantásticos ejemplos, el autor de *Superboss* (McGraw-Hill, 1984) muestra hasta qué punto la excelencia en el servicio al cliente no depende del objetivo o de aspectos cuantitativos, sino del subjetivo e íntimo mundo de las emociones.

Daniel Goleman, *Emotional Inteligence* **(Bantam, 1995)**

Es el clásico libro acerca de la importancia de la emoción en el puesto de trabajo. Goleman se centra en el efecto que tiene la emoción en los resultados y el miembro individual del personal. Aunque no está específicamente orientado hacia el servicio al cliente, es el comienzo de una incursión en la naturaleza de las relaciones en las empresas, más que en sus estructuras organizativas.

LA CREATIVIDAD

La creatividad es fundamental a la hora de crear carisma. Estos libros prestan una ayuda práctica a la hora de introducir la creatividad en la cultura corporativa.

Tony Buzan y Barry Buzan, *The Mind Map Book* **(BBC Books, 1993)**

Una guía muy bien ilustrada sobre el uso de los mapas mentales para tomar notas, estructurar ideas y ayudar a la memoria. Escrito por Tony Buzan, el creador del concepto del mapa mental, y por su hermano.

Brian Clegg, *Creativity and Innovation for Managers* **(Butterworth Heinemann, 1999)**

Una visión de conjunto para el ocupado directivo que muestra la necesidad de creatividad, de dónde proviene como disciplina de dirección, cómo se aplica y cómo se hace funcionar en una compañía. Sitúa a la creatividad al mismo nivel que otras técnicas empresariales y proporciona un programa para introducir la innovación corporativa. Está muy orientado hacia la provisión de una cultura corporativa de creatividad, en lugar de técnicas específicas para generar ideas.

Brian Clegg y Paul Birch, *Imagination Engineering* **(FT/Prentice Hall, 2000)**

Un juego de herramientas de creatividad empresarial que proporciona una guía práctica y amena para elaborar trabajo creativo. Introduce un proceso de cuatro etapas para la creatividad empresarial, que es igualmente aplicable para una sesión de cinco minutos como para una concentración de una semana en un solo problema. Es un libro tratado con gran profundidad, pero también divertido. Si sólo quiere comprar un libro sobre creatividad, elija éste.

Brian Clegg y Paul Birch, *Instant Creativity* **(Kogan Page, 1999)**

Este libro de la serie *Instants* proporciona más de 70 técnicas diferentes para aportar nuevas ideas y resolver problemas, cada una diseñada para ser utilizada con el mínimo de alboroto y con la mayor brevedad de tiempo. Puede ser utilizado solo o como suplemento de *Imagination Engineering*.

Brian Clegg yPaul Birch, *DisOrganization* **(FT Pitman, 1998)**

La mitad del camino ya no es suficiente: este libro aplica la creatividad a la organización, mostrando cómo una reestructuración radical puede ser la única respuesta a la copia con el reto del cambio.

Roger von Oech, *A Whack on the Side of the Head* **(Warner Books, 1983)**

La actitud relajada al estilo californiano de von Oech se enfrenta a las barreras de la creatividad de un modo delicioso. Algunas veces parece más un texto humorístico que un texto empresarial, pero no es peor por ello; además, tras él subyace un serio mensaje.

Tom Peters, *The Circle of Innovation* **(Hodder & Stoughton, 1998)**

Peters aporta sus bravatas habituales al aspecto de la creatividad. Basado en las diapositivas de una serie de conferencias, este libro muestra a un Peters que vuelve a estar en forma; se encuentra en su mejor momento, intimidando con bravatas al lector con relación a la crucial necesidad de innovación. Como él dice, usted no puede reducirse a la grandeza.

Tom Peters y Nancy Austin, *A Passion for Excellence* **(HarperCollins, 1994)**

Tom Peters y Robert Waterman, *In Search of Excellence* **(HarperCollins, 1995)**

EL CUIDADO ESPECIALIZADO DEL CLIENTE

Alex Birch, Philipp Gerbert y Dirk Schneider, *The Age of E-tail* **(Capstone Publising, 2000)**

Esta fascinante guía a las implicaciones de Internet en el comercio al por menor no se muerde la lengua a la hora de narrar los peligros de las empresas que no se toman Internet seriamente. Aunque no está específicamente enfocado hacia el servicio al cliente, el tema se centra desde el principio en el modo en que se trata a los clientes del comercio al por menor electrónico.

Brian Clegg, *The Invisible Customer* **(Kogan Page, 2000)**

Un caso especial de cuidado del cliente tiene que ver con la, cada vez mayor, cantidad de clientes a los que nunca vemos y que entran en contacto con nuestras compañías mediante centros de recepción de llamadas o Internet. Estos clientes invisibles tienen las mismas necesidades de recibir un buen servicio al cliente, pero las oportunidades y los peligros son específicos del medio. Este nuevo libro describe el modo de preocuparse por el cliente invisible.

Michael Cusack, *Online Customer Care* **(ASQ Quality Press, 1998)**

Un estudio pormenorizado del proceso del centro de recepción de llamadas (a pesar del título "online", se refiere más al teléfono). Está mucho más dirigido por procesos y sistemas que el servicio real al cliente, pero proporciona un contexto muy útil.

LA CONFIANZA

Ricardo Semler, *Maverick!* **(Arrow, 1994)**

El libro de Semler perfecciona el significado de la confianza en una compañía. No se trata de un libro de texto, sino que es la biografía de una compañía. A pesar de estar localizada en Brasil, durante un período de inflación galopante y con sindicatos potencialmente difíciles, Semler tomó una plantilla de trabajadores descontentos y cambió su motivación haciendo del trabajo un lugar donde las personas querían estar. Tal es la confianza que gran parte del personal establece su propio salario. Es un ejemplo asombroso de la teoría puesta en acción, y funciona.

ÍNDICE DE TÉRMINOS